Table of Contents

~ *Learn fundamental concepts in Italian language and culture*
~ *Identify and describe clothing and common travel items*
~ *Talk about packing your, my, and our bags*

Seconda Fase: PIAZZA NOSTRA (*OUR TOWN SQUARE*)

~ *Describe people's appearance and personality*
~ *Talk about people and his/her, your, and their stuff*
~ *Identify various places and describe activities in an Italian piazza*
~ *Describe common daily activities in the neighborhood Italian bar*

Terza Fase: LA MIA FAMIGLIA ITALIANA (*MY ITALIAN FAMILY*)

~ *Identify close relationships and describe family members and relatives*
~ *Talk about different Italian homes, furnishings, and their owners*
~ *Describe habits and activities from daily life in various locations*
~ *Identify meals and typical eating habits, including ordering in a neighborhood Italian restaurant*

Quarta Fase: LA VITA IN PIAZZA (*LIFE IN THE PIAZZA*)

~ *Describe a typical town and its surroundings*
~ *Identify different seasons and the weather*
~ *Talk about habits and activities in school/work environments using time and frequency references*
~ *Identify Italian cultural concepts, including the role of the European Union in a changing Italy*

Quinta Fase: FESTIVAL E ARRIVEDERCI (*FESTIVAL IN PIAZZA AND FAREWELL*)

~ *Identify various professions and nationalities*
~ *Talk about travel, tours, and vacations using past, present and future time-frames*
~ *Describe principal Italian holidays and cultural heritage/ interests*
~ *Identify a traditional "festa in piazza," including the role of Patron Saints in history and culture*

Introduction
to *Piazza Nostra:*
The Italian Learning
Experience

Congratulazioni! You're about to begin a fun and informative journey, through language, into one of the most influential cultures of modern Western Civilization. The profound impact of Italy on Europe and the new world began long before there was an Italian nation. The Italian peninsula was home to the ancient Etruscans and the Romans, who created the most extensive and sophisticated empire known to the West. It also nurtured the development of Christianity, the Byzantine Empire, and the birth and flowering of the Renaissance, amongst other things. Food, commerce, science, and, most particularly, the arts—music, painting, sculpture, architecture, drama, opera, fashion, design—wouldn't be what they are today without the contributions of literally millennia of "*italiani.*"

This beginning course in Italian is particularly designed for those who want to learn *la bella lingua* (the beautiful language) in a unique and exciting way. The course is structured as a semester abroad experience, during which you will be learning Italian through such real-life activities such as packing your bags, walking the piazza of your new home town, meeting and describing your 'home stay' family, enjoying daily life and travel in Italy, and celebrating a traditional community event. The structure and methods used provide are such that there is plenty of opportunity for customizing your learning to make sure you learn what you need to know—not just what some the course syllabus says.

The *Piazza Nostra* **book** provides you with the basic tools you'll need to learn and utilize core vocabulary and concepts. It uses "brain friendly" visual and practical techniques to help you master nearly 1,000 of the most frequently used words in the language. In addition to numerous Fotoquizzes and "Daily Life Italian Expressions," the book also includes Toolkit Cards, which can be used as study flashcards and as conversation cards for creating sentences both at home and in class. Also included with the book are is access to two other important resources for your complete Italian language experience: a companion website and a cultural blog.

The *Piazza Nostra* **companion website** (http://webcom8.grtxle.com/italian) provides you with focused, individual practice and exploration of Italian language and culture, as well as preparation for a variety of activities and applications. The web-based *Piazza Nostra Virtuale* (virtual piazza) extends the classroom space, so that you can continue practice and masterry of key vocabulary and structures while enjoying the support of many other such features as: self-correcting exercises, explanatory excursions, Power Point presentations on Italian grammar, links to various online resources such as Italian-English and Italian-Spanish dictionaries, pronunciation audio clips, games, and much more. Also included are interactive handouts for you to complete and use for conversation and writing activities.

The *Piazza Nostra* **blog** (http://piazza0nostra.wordpress.com) is designed to provide you with 'just in time' resources for group culture and language projects you will be participating in with your 'Italian family.' It also offers an efficient, useful structure for your own exploration of a variety of cultural, historical, artistic, and linguistic resources about Italy and Italian, as it contains links to a variety of online articles, videos, and other resources.

Benvenuti in Piazza Nostra e buon divertimento!

Introduction to the Italian Alphabet and Sound System

The Italian alphabet consists of only 21 letters, which have both a name and a distinctive sound associated with them.

- When the instructor writes the Italian NAME of the letter on the board, write it at the bottom of the appropriate box. Be sure to repeat saying the name as you write, so that your brain, tongue, and hand can start activating your Italian brain!
- As the instructor pronounces each letter again, write how you HEAR it (this is called a phonetic spelling)—to help you remember how to pronounce it later.
- Vowels are incredibly important in Italian—circle the typed letter of each vowel.
- Add the other information about various letters that the instructor tells you.

1- a	2- b	3- c	4- d	5- e
6- f	7- g	8- h	9- i	10- l
11- m	12- n	13- o	14- p	15- q
16- r	17- s	18- t	19- u	20- v
21- z	*"Imported" letters used in foreign words:* j k w x y			

Italian **vowels are very clear, "round" and crisp, or short**—not "weak" (like the vowel sounds in "mother"), long, drawn out, or sloppy. They are also ALWAYS pronounced.

When **<u>vowels</u> appear in combination with the letters c and g**, they create either a "hard" or a "soft" sound, as indicated below:

	c	g
HARD sound: *c sounds like K* (as in cat) *g sounds like G* (as in goat) *In front of the vowels e and i, inserting the letter h creates a K or G sound*	ca (*kah*) co (*koh*) cu (*kooh*) che (*keh*) chi (*kee*)	ga (*gah*) go (*goh*) gu (*gooh*) ghe (*geh*) ghi (*ghee*)
SOFT sound: *c sounds like CH* (as in church) *g sounds like J* (as in jump) *In front of the vowels a, o, and u, inserting the letter i creates a CH or J sound*	cia (*chah*) cio (*choh*) ciu (*chooh*) ce (*cheh*) ci (*chee*)	gia (*jah*) gio (*joh*) giu (*jooh*) ge (*jeh*) gi (*jee*)
Pronunciation practice: hard c and g	casa cotto culla anche echi	gatto pago gusto larghe pieghi
Pronunciation practice: soft c and g	arancia gancio ciuffo cella vinci	giallo giovane giusto gelo spingi

The presence of an *h* after a *c* or *g* indicates that the *c* or g will be pronounced with a HARD sound— so be on the lookout for this visual cue and practice, practice, practice to create these new "Italian brain" pathways between eye, mind, and tongue!

Uno, due, tre—via!
(*One, two, three—go!*)

numero	nome	plurale	numero	nome	plurale
0	zero	zero (niente) **borsE** [zero (nothing) purse<u>s</u>]	11	undici	• undici **pantalonI** • [eleven pant<u>s</u>]
1	uno	una **giaccA** (one jacke<u>t</u>)	12	dodici	• dodici **cappottI** • (twelve coat<u>s</u>)
2	due	due **gonnE** (two skirt<u>s</u>)	13	tredici	• tredici **orologI** • (thirteen watche<u>s</u>)
3	tre	tre **scarpE** (three shoe<u>s</u>)	14	quattordici	• quattordici **zainI** • (fourteen backpack<u>s</u>)
4	quattro	quattro **magliettE** (fourteen backpack<u>s</u>)	15	quindici	• quindici **jeanS** • [fifteen jean<u>s</u>]
5	cinque	cinque **felpE** (five sweatshirt<u>s</u>)	16	sedici	• sedici **stivalI** • (sixteen boot<u>s</u>)
6	sei	sei **camiciE** (six shirt<u>s</u>)	17	diciassette	• diciassette **occhialI** • [seventeen (<u>pairs of</u>) eyeglasse<u>s</u>]
7	sette	sette **calzE** (seven sock<u>s</u>)	18	diciotto	• diciotto **orecchinI** • [eighteen (<u>pairs of</u>) earring<u>s</u>]
8	otto	otto **maglionI** (eight sweater<u>s</u>)	19	diciannove	• diciannove **vestitI** • [nineteen (<u>items of</u>) clothing/ clothe<u>s</u>]
9	nove	nove **vestitI** (nine dresse<u>s</u>)	20	venti	• venti **cravattE** • (twenty tie<u>s</u>)
10	dieci	dieci **cappellI** (ten hat<u>s</u>)		*una **decINA*** *una dozz**INA*** *una **ventINA***	• (ten or so) • (a dozen, more or less) (about twenty)

PATTERNS:

1. **In numbers:** How are the words for numbers 11-19 related to those for 1-10?

   a. beginnings:

   b. endings:

   c. "flip"—describe where and how there's a change in how the words for numbers are formed in the teens:

2. **In nouns:** How do the names of things (i.e., the part of speech called nouns) change when they go from singular (one thing) to plural (more than one thing)?

   a. in English:

   b. in Italian:

   c. based on the "Clothing" Fotoquiz and the items being numbered, above, fill out the "this is how the plural of things works in Italian" table below:

	SINGULAR	*PLURAL*
feminine	-a	
masculine		-i
either F or M	-e	

Quanti vestiti! (So many clothes!)

You're visiting your friend who is packing for their trip to Italy. They have piles of things they'd like to take, so the two of you begin to count them….

Partner Activity 1:

You ask the name of the first item, and your partner responds (ex: *Come si dice "coat"?> Si dice cappotto*). Then they ask how to spell it, and you spell it for them (ex: *Come si scrive cappotto? > Si scrive ci-a-pi-pi-o-ti-ti-o*). Change roles and alternate until the page is completed.

Come si dice _____? = *How do you say____?*   **–Si dice....**

Come si scrive _____? = *How do you spell____?*   **– Si scrive....**

Partner Activity 2:

You say the term in the singular, and your partner gives it in the plural (ex: *la borsa > le borse*).

Partner Activity 3:

Write the number and item under the image in <u>Italian words</u>.

Partner Activity 4:

You say the first item in Italian, and your partner translates it into English. Switch roles until you complete the page. Ask the instructor for help if you need it.

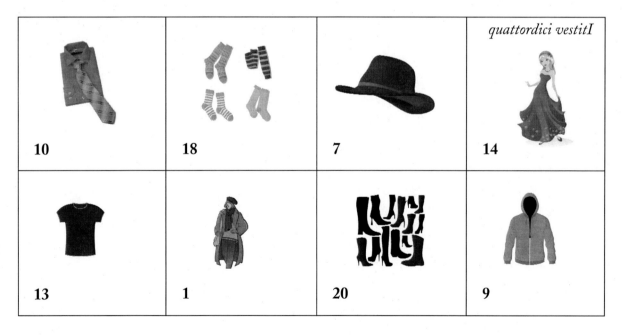

quattordici vestitI

| 10 | 18 | 7 | 14 |
| 13 | 1 | 20 | 9 |

6	12	11	19
4	17	15	3
1	2	16	*zero giacchE* 0

Partner Activity 5:

You ask your partner "how many ____ are there?" in Italian, and they answer in Italian (ex: *Quante giacche ci sono?* > *Ci sono zero giacche*). Change roles and alternate until the page is completed. Ask for help when needed.

QuantI _____ **ci sono?** = *How many (name of masculine things) are there?*

  — **Ci sono** _____ _____. = *There are (#) (name of things).*

    — **C'è** ____ _____. = *There is (1) (name of thing).*

QuantE _____ **ci sono?** = *How many (name of feminine things) are there?*

  — **Ci sono** _____ _____. = *There are (#) (name of things).*

    — **C'è** ____ _____. = *There is (1) (name of thing).*

Quanta roba persa! (So much lost stuff!)

A friend has lost their backpack during your travels, so you go with them to the airport's Lost and Found office. There you find multiples of the items you're looking for.

Partner Activity 1:

You point to an item, ask its name, and your partner answers, then spells the word in Italian (ex: *Come si chiama?> Si chiama agenda: a-gi-e-enne-di-a*). Change roles and alternate until the page is completed.

Come si chiama? = *What is <u>it</u> called?* — **Si chiama....**

Come si chiamano? = *What are <u>they</u> called?* — **Si chiamano....**

Partner Activity 2:

You say the term in the plural, your partner gives it with *"some"* (ex: *le borse > delle borse*).

Partner Activity 3:

Write the number and item under the image in <u>Italian words</u>.

20 *venti cartE di credito*	14	7	3
13	8	10	5
6	15	11	17 *diciassette librI*

9	19	2	18
4	1	16	12

Partner Activity 4:

You ask your partner "Are there **some** _____s?" in Italian, and they answer "Yes, there are (*number*) _____s " (ex: *Ci sono degli zaini? > Sì, ci sono quattro zaini*). Change roles and alternate until the page is completed. Ask for help when needed.

Ci sono (*some*) _____? = *Are there some/ any _____s?*

— **Sì, ci sono** (*number*) _____. = *Yes, there are (number) _____s.*

— **Sì, c'è** (*one*) _____. = *Yes, there is one _____.*

Partner Activity 5:

You ask your partner "Is there **one** _____?" in Italian, and they answer "No, there are (*number*) _____s " (ex: *C'è uno zaino? > No, ci sono quattro zaini*). Change roles and alternate until the page is completed. Ask for help when needed.

C'è (*one*) ___*name of item*___? = *Is there one _____?*

— **No, ci sono** (*number*) ___*name of items*. = *No, there are (number) _____.*

— **Sì, c'è** (*one*) ___*name of item*___. = *Yes, there is one _____.*

Seeing Things and Pointing
Them Out In Italian

I _can see_ it *(right now)!*		**It _exists_….***(but I may or may not see it)*	
Ecco!	*Here it is! There it is!* **Ecco una valigia!** *Here they are!* *There they are!* **Ecco le scarpe!**	**C'è** (ci è) …. **Ci sono….**	There is (*one thing*). There are *(more than one thing).* **Ci sono tre zaini.**

Using Fotoquizzes 1.2 and/or 1.4, select various items and write them in the columns below (do not duplicate any of the items—the goal is to use as much of your vocabulary as possible!). Then add the correct "flavor" of different colors to complete the sentences:

verb/ expression	singular item	color	verb/ expression	plural item	color
Ecco	la camicia	rossa	Ecco		
Ecco			Ecco		
Ecco			Ecco		
Ecco			Ecco		
C'è			Ci sono		
Non c'è			Ci sono		
C'è			Ci sono		
Non c'è			Ci sono		
Vedo			Non vedo		
Non vedo			Vedo		
Vedo			Non vedo		

Complete these sentences about what's happening as we prepare for our trip to Italy…..

1.	PortO	*un cappello.*	9.	Ecco	*uno zaino!*
2.	ChiudO		10.	AprIAMO	
3.	TrovO		11.	TrovI	
4.	C'è		12.	CercO	
5.	VedO		13.	Ecco	
6.	MettI		14.	MettO	
7.	Ci sono		15.	VedIAMO	
8.	PrendIAMO	.	16	C'è	

PARTNER ACTIVITY:

After you've filled the spaces with logical things, say your first sentence to your partner. Then your partner will translate it into English. Change roles for the next sentence. Alternate roles until you finish all of the sentences you both have. Ask for help from your instructor when you're uncertain.

Daily Life Italian: Conversational "Formulas" for Common Situations

#1 – Meeting and Greeting

Situazioni (Contesto)	Formale	Informale	Equivalente inglese
FIRST CONTACT			
	Benvenuto/a/i/e	"	*Welcome*
	Ben arrivato/a/i/e	"	*Welcome*
		Ciao! Salve!	*Hi!*
	Buongiorno	"	*Good morning*
	Buonasera	"	*Good afternoon/ evening*
	Buonanotte	"	*Good night (before going to bed)*
	ArrivederLa	Arrivederci	*Goodbye*
		A presto/ Ci vediamo	*See you soon*
		A domani	*See you tomorrow*
	Mi chiamo ____	Mi chiamo _____	*My name is _____*
	Come si chiama Lei?	Come ti chiami?	*What is your name?*
	Le presento____	Ti presento _____	*Let me introduce _____*
	Piacere	"	*It's a pleasure; Nice to meet you*
	Molto lieto/ a	"	*It's a pleasure; Nice to meet you*
	Come sta Lei?	Come stai?	*How are you?*
		Come va?	*How's it going?*

Situazioni (Contesto)	Formale	Informale	Equivalente inglese
COMMON RESPONSES			
	Bentrovato/a/i/e	"	*Nice to see you (said in response to "ben arrivato/a/i/e")*
	Bene, grazie e Lei?	Bene, grazie e tu? (colloquial: e te?)	*Very well, thank you. And you?*
	Prego	"	*You're welcome*
	E Lei?	E tu?	*And you?*
	Grazie, altrettanto	"	*Thanks, you too; Same to you*
	Grazie	"	*Thank you*
	Sto…. • benissimo • abbastanza bene • così così • male	"	*I'm doing…..* • *very well; great* • *rather well; well enough* • *so-so* • *very bad, miserable*
	Non c'è male	"	*Not too bad*
	Si tira avanti, Si va avanti	"	*I'm getting by*
	Anch'io	"	*Me too. The same with me*
	Neanch'io		*Me neither.*
	Mi dispiace	"	*I'm sorry*
	Sono in ritardo.	"	*I'm late.*
	Devo andare.		*I have to go/ leave*

Partner Activity 1:

Choose a phrase from the "First Contact" section and say it to your partner. They choose an appropriate response from the "Common Responses" section. Alternate until you've completed 5 exchanges.

Partner Activity 2:

Choose a phrase from the "Common Responses" section and say it to your partner. They choose the best match from the "First Contact" section. Alternate until you've completed 5 exchanges.

Being Understood and Keeping a Conversation Going

	Formula italiana	Risposta	Formula inglese
1.	(Mi) Capisce? (formal) (Mi) Capisci?	Sì, (Le; formal) (ti) capisco. No, non (Le; formal) (ti) capisco	*Do you understand (me)?*
2.	Che bello! Che buono!		*How lovely! How nice!*
3.	Che significa…?	Significa…	*What does ____ mean?*
4.	Che/ Cosa vuol dire…?	Vuol dire…	*What does ____ mean?*
5.	Come?		*What?*
6.	Come si dice…?	Si dice…	*How do you say ____?*
7.	Come si pronuncia…?	Si pronuncia…	*How do you pronounce ____?*
8.	Come si scrive…?	Si scrive…	*How do you write/ spell ____?*
9.	No.		*No.*
10.	Non capisco.		*I don't understand.*
11.	Non lo so.		*I don't know.*
12.	Per cortesia/ favore/ piacere		*Please*
13.	Ripeta per favore. (formal) Ripeti per favore.		*Repeat that, please.*
14.	Scusi Mi scusi		*I beg your pardon. Sorry.* *Excuse me.*
15.	Sì		*Yes*
16.	Va bene OK		*It's OK* *OK*

Take a moment to jot down (in English) some of the most common "meet and greet" expressions YOU use regularly:

with friends	_with people you don't know_

What differences, if any, do you notice? In what ways do you extend courtesy to people when you're first meeting them? That is, what do you say and do when you first meet a stranger (be sure to include non-verbal communication, such as gestures, body language, etc.)?

Most social interactions in contemporary America are very informal. But **Italian society still values—and regularly uses—formality and respect in social situations.** It is most particularly expected in the following situations:

- between adults who do not know each other
- from people in service positions (such as wait staff and salespeople), towards their clients
- from younger people, towards those who are older
- from anyone who is in a socially-inferior position, towards those who are in socially-superior positions (like a doctor or an official) or who are more educated
- from anyone who's being asked for assistance, particularly if it's a favor

Those who do not use the expected courteous or formal approach in Italy will immediately be judged as _fare brutta figura_ (to cut an ugly or poor figure)—one of the great Italian `sins'. This judgment can result in

- being ignored when trying to place an order or buying something
- receiving poor service
- being snubbed during conversation
- not being invited to the cool special and family-related events—which are the heart of the _dolce vita_ experience—that Italians are so good at creating

So learning how to interact effectively not only with those you know (that is, using the <u>familiar</u> form of greetings and interaction with your friends and family), but also with those you don't know—is essential for your ability to survive, and thrive, in Italian.

DIALOGO: With your partner, create a "three act" conversation between two friends, in which one of them introduces someone new:

Act I: Opening (greeting)

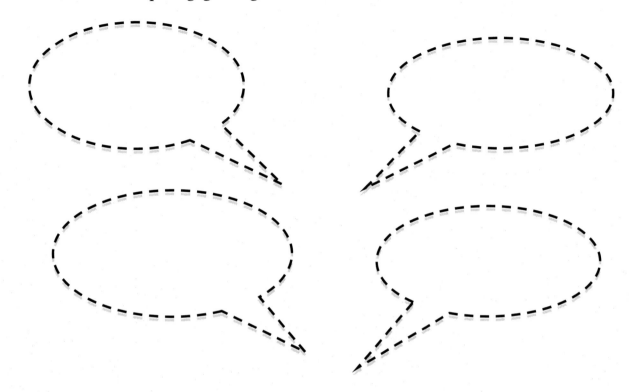

Act II: The "business" (introduction of new person)

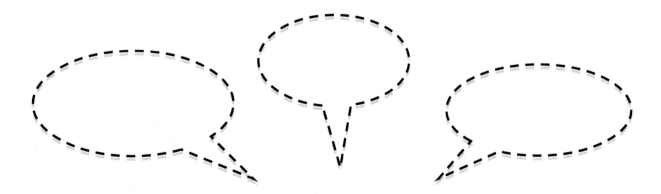

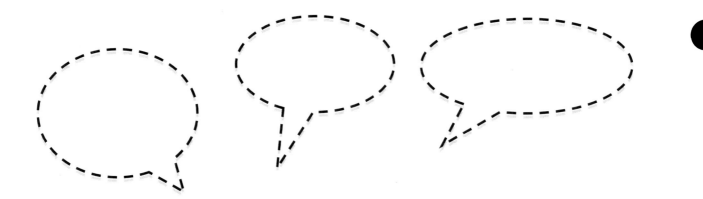

Act III: Ending (leave-taking)

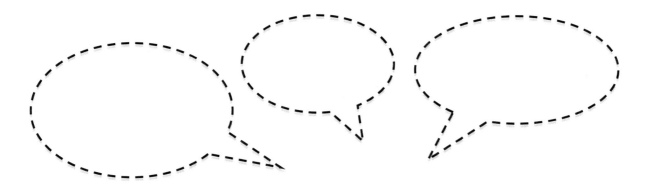

Promemoria Pages: Introduction

In Italian, the word *promemoria* means "reminder"—that is, a tool to aid the memory. These Promemoria Pages have been especially created to support you in learning and remembering Italian.

They are designed to "travel" with you throughout the course. That is, you will be using them with every phase of your journey into Italian language and culture. They are interactive handouts, which means that they are structured so that YOU choose the content you need to help you remember the unique characteristics and patterns of the language. They are also intended for you to use as a regular, ongoing part of your participation and study time inside and outside the class:

- Bring them to every class session so that you can add information to them quickly, efficiently, and in context
- Compare and discuss your results with fellow students to deepen and strengthen the patterns, concepts, and vocabulary you are learning
- Regularly practice reading and studying the terms you write down, particularly when studying at home—your brain needs frequent, ongoing reinforcement like this to move information from short- to long-term memory!
- Turn them in to the instructor as directed, for periodic "progress checks" as part of your homework course credit

If you train yourself to use them regularly, you will see a notable difference in the amount and quality of what you learn, and how long you are able to retain and use it to communicate with others in Italian. You will also gain insight into the areas of your own interests, strengths, and weaknesses, which will help to make you a more successful learner and speaker.

The table below helps you to visually and conceptually identify which Foto-quizzes contain the most common types of patterns and structures—that is, the parts of speech—each type of Promemoria Page focuses on. Please refer to the icons to help you identify which Fotoquizzes provide content for each Promemoria page. Also, do not hesitate to talk to your instructor if you have any questions as to what the icons mean or how to use the Promemoria pages.

Verbs (the part of language that communicates actions and states of being)	**Nouns** (the part of language that names a person, place, thing, or concept/ idea)	**Adjectives** (the part of language that describes what nouns refer to)
1.8 *Azioni!*	1.1 *L'abbigliamento*	1.3 *I colori*
2.8 *Azioni!*	1.2 *L'abbigliamento*	1.5 *La mia valigia e il mio zaino*
2.11 *Cosa facciamo oggi?*	1.4 *La valigia e lo zaino*	1.6 *Il tuo abbigliamento*
3.4 *Cosa facciamo oggi?*	2.1 *La gente*	1.7 *Roba nostra*
3.7 *La vita quotidiana*	2.7 *La piazza*	2.2 *Delle città italiane*
4.1 *A scuola e al lavoro*	2.9 *La piazza*	2.3 *La valigia di lui e di lei*
4.3 *Le commissioni e il tempo libero*	2.10 *Al bar*	2.4 *La roba di tutti*
5.2 *Viaggiare*	3.1 *La famiglia*	2.5 *Com'è la persona fisicamente?*
	3.2 *I pasti*	2.6 *Com'è la persona di carattere?*
	3.3 *Al ristorante*	
	3.5 *La casa e i mobili*	
	3.6 *La casa e i mobili*	
	4.2 *A scuola e al lavoro*	
	4.4 *Le commissioni e il tempo libero*	
	4.5 *Le stagioni e il tempo*	
	4.6 *La città e i dintorni*	
	4.7 *La penisola italiana*	
	5.1 *Le professioni e le nazionalità*	
	5.3 *Viaggiare*	
	5.4 *La cultura*	
	5.5 *Le feste*	

Promemoria: Pronunciation

Add 5 words from EACH Fotoquiz in every fase to your Promemoria (Reminder) pages. Be sure to write them under the proper category so you'll remember how to pronounce them.

focus letters: **c combinations**

K sound ('hard' c) *ca – co – cu- che - chi*	*CH sound ('soft' c)* *cia – cio – ciu- ce – ci*

G sound ('hard' g) *ga – go – gu – ghe – ghi*	*J sound ('soft' g)* *gia – gio – giu – ge – gi*

focus letters: s combinations

SH sound scia – scio – sciu- sce – sci	SK sound sca – sco – scu- sche - schi	S sound s + cons or ss	Z sound (between vowels)

other combinations

GN sound *"ny" like banyan*	GLI sound *"ll" like million*	PS sound *"ps" like psst!*

other pronunciation to remember

Nome _____   *Data* _____

Promemoria: Nouns

In Italian every noun—that is, the name of a person, place, thing, or concept—is either masculine or feminine. That is, there is no "neuter"—*it*—like in English; everything is either "he" or "she." Whenever you discover that a word is difficult to identify the gender of—like nouns ending in *–e*, for example, like *un maglione*—write it below in the correct column to help you remember it. (Be sure to use the correct form of "a/an/one" when you write it down—that will also help you to remember the gender of the word.)

REFERRING TO JUST ONE (SINGULAR)

where to find it (FQ #)	*masculine*	*feminine*

REFERRING TO MORE THAN ONE (PLURAL)

where to find it (FQ #)	masculine	feminine

Promemoria: Adjectives

Adjectives are words used to describe a person, place, or thing (nouns). In Italian the **END-INGS** of adjectives change to match the **gender** (masculine or feminine) and **number** (singular or plural) of the nouns they accompany. Write the "base word" for the adjectives you learn in the correct "scoop" of the ice cream below so you can remember how its endings change to agree with the noun it modifies.

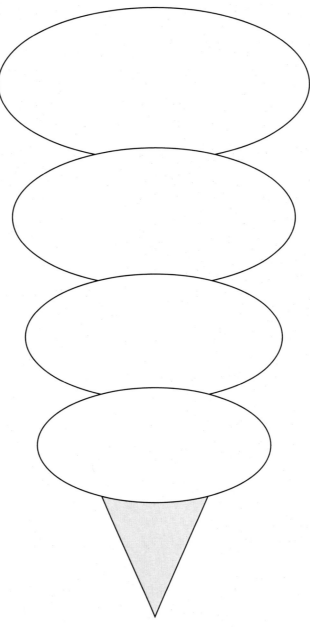

Nome _____   Data _____

Promemoria: Irregular Verbs

Italian verbs are like small puzzles. The front part (called the stem) tells WHAT the action is, and the back (called the conjugated ending) shows WHO is doing the action. In order to know how to change the ending to communicate the who, you need to know what "family" the verb belongs to. You also need to know whether the verb is IRREGULAR, which means that its front part also changes depending on who's doing the action.

   To help you remember which verbs are IRREGULAR and how they act, write them in the correct column below. Be sure to write not only the infinitive (that is, the dictionary form that ends with –re), but also how it changes for each "who" doing the action (*io, tu, lui/lei/Lei, noi, voi, loro*).

where to find it (FQ #)	-are	-ere	-ire
Example:		***essere*** io sono noi siamo tu sei voi siete lui/lei è loro sono	

where to find it (FQ #)	-are	-ere	-ire

Promemoria: Pronouns

Every day we use "verbal shorthand" so we don't have to repeat the same information again and again, especially when we're talking about "who," "whose," and "what." One example: "I saw a car today; I saw it on the corner" contains two pronouns: "I" and "it," which are abbreviated ways of saying "my name" and "a car." Italian also has words that take the place of a noun already mentioned or understood, and they show up frequently, just like they do in English.

As you learn these verbal shorthand words, write them down here so that you can remember what they are and how to use them.

where to find it (FQ #)/type	*what they are/mean*
example: subject pronouns	*io = I tu = you (fam.) Lei = you (form.)* *lui = he/it lei = she/it* *noi = we voi = you (pl.) loro = they*

where to find it (FQ #)/ type	what they are/ mean

Cento di questi giorni!
(Best wishes for 100 more birthdays!)

#	nome	#	nome	#	nome	#	nome
20	ventI	28	ventotto	36	trentAsei	63	sessantAtré
21	ventuno	29	ventInove	37	trentAsette	70	settantA
22	ventIdue	30	trentA	38	trentotto	75	settantAcinque
23	ventItré	31	trentuno	39	trentAnove	80	ottantA
24	ventIquattro	32	trentAdue	40	quarantA	86	ottantAsei
25	ventIcinque	33	trentAtré	50	cinquantA	90	novantA
26	ventIsei	34	trentAquattro	51	cinquantuno	98	novantotto
27	ventIsette	35	trentAcinque	60	sessantA	100	centO

NOTE: When a number ending in *–uno* is in front of a noun, it will often drop its *–o:*

ventun libri   quarantun macchine   sessantun studentesse   cent'anni

PATTERNS:

A. Numbers-wise, what does the word ending –anta indicate?

B. Can you identify at least 3 basic patterns in the Italian number words above?
   1.

   2.

   3.

When you're done, compare your responses with those of a partner. Then, predict how the following numbers are written in Italian by writing them in the spaces below:

81 _____   43 _____

66 _____   78 _____

Alternate with a partner to say each number in every column:

0-19	20-39	40-59	60-79	80-100
3	20	40	60	80
7	30	50	70	90
1	34	45	74	81
11	28	54	61	96
19	32	59	62	84
0	37	41	76	95
2	23	43	66	87
13	33	51	77	99
4	27	48	63	88
5	21	56	64	97
15	31	49	75	89
6	39	52	68	91
18	22	53	78	93
9	24	44	67	82
16	25	55	69	83
10	35	46	71	94
14	26	57	72	85
8	38	42	65	92
12	29	58	73	86
17	36	47	79	98

Quanti anni hanno? *(How old are they?)*

Your home stay family is celebrating Zio Giuseppe's 100th birthday with a big *festa di compleanno*. Many older guests will be there, so you need to brush up on your numbers!

Activity 1:

Write the number indicated in <u>Italian words</u>.

Partner Activity 2:

You ask your partner "How old is (the person)?" and they answer in Italian (ex: *Quanti anni ha la signora? > La signora ha 64 anni*). Change roles and alternate until the page is completed. Ask for help when needed.

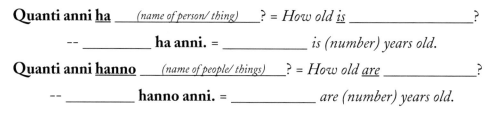

Quanti anni <u>ha</u> ___*(name of person/ thing)*___ ? = *How old <u>is</u>* _____?

-- _____ **ha anni.** = _____ *is (number) years old.*

Quanti anni <u>hanno</u> ___*(name of people/ things)*___ ? = *How old <u>are</u>* _____?

-- _____ **hanno anni.** = _____ *are (number) years old.*

64	25	42	63 e 9
33	88	100	28
76	65	31	51
98	89	41	38 e 52

45	**37**	**66**	**54**

"Fare di conto" o *la matematica di base* in italiano:

1	+	1	=	2		6	–	1	=	5
uno	**più**	*uno*	**fa**	*due*		*sei*	**meno**	*uno*	**fa**	*cinque*

2	×	6	=	12		8	:	2	=	4
due	**per**	*sei*	**fa**	*dodici*		*otto*	**diviso**	*due*	**fa**	*quattro*

Write out IN ITALIAN WORDS the problems given below:

35 + 16 = _____   22 × 4 = _____

_____   _____

69 – 48 = _____   55 : 11 = _____

_____   _____

73 + 27 = _____   83 – 31 = _____

_____   _____

92 : 2 = _____   100 – 76 = _____

_____   _____

Now alternate with your partner saying the problems and answers in Italian.

Daily Life Italian: Conversational "Formulas" for Common Situations

#2 – Interacting Courteously

	Formale	**Informale**	*Equivalente inglese*
AT THE BAR, STORE, etc.	Prego		*Go ahead; After you; Come in*
	Desidera?	Desideri?	*What would you like?*
	Dopo di Lei	Dopo di te	*After you*
	Ecco lo scontrino		*Here's the receipt [which you may need to pick up your order]*
	Entri	Entra	Please come in
	Gradisce (un caffè, un bicchierino...)?	Gradisci...?	*Would you like (a cup of coffee, a drink)?*
	Grazie; Mille grazie		*Thanks, Thank you*
	Mi dica	Dimmi	*Tell me [as in give me your order]*
	No.		*No.*

	Formale	**Informale**	*Equivalente inglese*
AT THE BAR, STORE, etc.	Per cortesia/ favore/ piacere		*Please*
	Posso?		*May I? [for example, before handling merchandise]*
	Posso esserLe utile?	Posso esserti utile?	*May I help you?*
	Posso servirLa?	Posso servirti?	*May I help you?*
	Prego, si accomodi	Accomodati	*Please, come in*
	Quanto viene?		*How much does it come to?*
	Ripeta per favore.	Ripeti per favore.	*Repeat that, please.*
	Scusi	Scusa	*I beg your pardon. Sorry.*
	Sì		*Yes*
	Senza complimenti		*Don't stand on ceremony*
	Va bene OK		*OK*
	Venga	Vieni	*Come in*
	Vorrei….; Desidero...		*I would like…*

	Formula italiana	Risposta	Formula inglese	Risposta inglese
1.	Bene! Benissimo!		*Good! Very good!*	
2.	Che bello! Che buono!		*How lovely!* *How nice!*	
3.	Che cos'è…? Che cosa sono…?	È… Sono…	*What is…?* *What are…?*	*It is…* *They are…*
4.	Come?		*What?*	
5.	Con comodo		*Take your time*	
6.	Con permesso	Prego si accomodi	*May I?*	*Please come in*
7.	Con piacere		*My pleasure*	
8.	D'accordo		*All right*	
9.	Desidera?	Desidero… Vorrei…	*What would you like?*	*I would like…*
10.	Disturbo se … (apro la finestra)?		*Does it bother you* *if …* *(I open the window)?*	
11.	Disturbo?	Niente affatto	*May I?*	*Go right ahead.*
12.	Grazie	Prego	*Thanks, Thank you*	*Don't mention it*
13.	Mi piace _____ Mi piacciono ____	Anche a me! A me no.	*I like (it)* *I like (them)*	*Me too!* *I don't*
14.	Quanto viene?	Viene…	*How much does it [the* *bill] come to?/ How* *much does it cost?*	*It comes to…/* *It costs…*
15.	Ti piace _____? [fam.] Ti piacciono _____? Le piace _____? [form.] Le piacciono _____?	Sì, mi piace/ piacciono… Anche a me! No, non mi piace/ piacciono… A me no.	*Do you like (it)* *Do you like (them)*	*Yes, I like…* *Me too!* *No, I don't like…* *I don't.*
16.	Le spiace se… (fumo)? (form.) Ti dispiace se… (fam.)		*Do you mind if* *(I … smoke)?*	

	Formula italiana	Risposta	Formula inglese	Risposta inglese
17.	Mi dispiace!		*I'm sorry!*	
18.	Non c'è di che.		*Don't mention it.* *Never mind.*	
19.	Non lo so.		*I don't know.*	
20.	Per cortesia/ favore/ piacere		*Please*	
21.	Permette?	1) Si accomodi, prego? 2) Faccia pure	*May I come in?*	*Please come in.* *Be my guest*
22.	Piacere	Piacere mio	*It's a pleasure*	*The pleasure is mine*

Using What You're Learning...

Working with a partner or in a small group:

1. **Brainstorm** a variety of situations in which you'd likely need to use the kinds of phrases listed above, and jot them into the "parking lot" below:

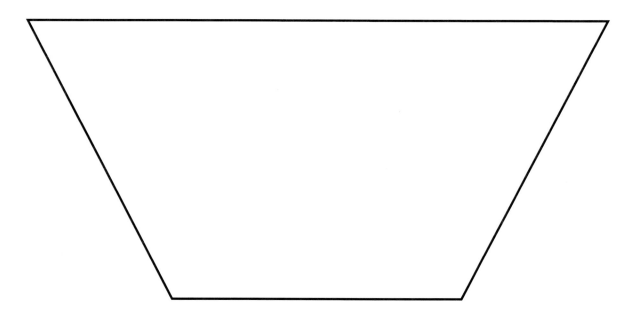

2. Compare your "parking lot" ideas with another pair of classmates, making sure to add new situations to your own as they come up.

3. With your companions, discuss the Italian phrases from the list you would likely use for Situations A and B, and write several of them in the box below. Then, identify another

situations and which phrases you'd use during that kind of interactions (you can just write in the numbers instead of the words).

Situation A: *Traveling on a train*	Situation B: *Going to someone's home*	Situation C: _____

Collaborative writing: With your partner/ group, create a brief dialog based on one of the three situations you just discussed. There should be at least 2 characters who speak, and each character should use at least 3 or 4 different phrases to help keep the conversation going. Legibly write the dialog on another piece of paper, using the information below as the heading on that paper:

My name:	*Partners:*
Situation:	
Characters (Names and who they are; for example, Marco, uno studente):	

Quanto costa? (How much is it?)

#	nome	#	nome	#	nome
100	**cento**	364	trecentosessantaquattro	632	seicentotrentadue
101	centouno	400	**quattrocento**	700	**settecento**
123	centoventitré	416	quattrocentosedici	717	settecentodiciassette
200	**duecento**	443	quattrocentoquarantatré	800	**ottocento**
215	duecentoquindici	500	**cinquecento**	848	ottocentoquarantotto
276	duecentosettantasei	511	cinquecentoundici	900	**novecento**
300	**trecento**	571	cinquecentosettantuno	950	novecentocinquanta
333	trecentotrentatré	600	**seicento**	1.000	**mille**

As you can see, saying numbers in Italian is easy—you just place the word for the number of hundreds in the front, and then attach the numbers from 1-99 to it. A few details to remember, though:

- 100 is simply cento—NOT unocento—and 1,000 is just mille—NOT unomille
- there is no plural of cento
- you DO drop the −o of cento if the word following it begins with an o-, such as otto or ottanta—but you DON'T drop the −o if it's followed by −u, as in uno or undici
- notice that in Italian a period is used instead of a comma for one thousand

Quanto costano queste cose?

€101	€134	€997	€325
€656	€871	€211	€603
€548	€917	€268	€467
€721	€135	€364	€213
€1.000	€616	€253	€897

Partner Activity 1:

You ask your partner how much an item costs, ant they answer in Italian. Alternate roles until you complete the page.

Quanto costa la chiave?   *La chiave costa €101.*

Quanto costano gli animali domestici?   *Gli animali domestici costano €325.*

Partner Activity 2:

You find 2 items to add together that total less than €1.000. Write them as a math problem (i.e., €101 + €134 = _____) and then ask your partner: "*Quanto fa ____ più _____?*" They do the addition and then answer in Italian:

"_____ *più* _____ *fa* _____." Alternate roles until you've done
6 problems.

Partner Activity 3:

You find an item with a large price tag and tell the amount to your partner. Your partner finds an item with a smaller price tag and then creates a subtraction problem with the two numbers. For example:

€1.000 *meno* €325 *fa* _____? and you give the answer: 675 euro. Alternate roles until you've done 6 problems.

Write out IN ITALIAN WORDS the problems given below:

135 + 216 = _____

_____

969 – 248 = _____

_____

473 + 327 = _____

_____

999 : 9 = _____

_____

122 x 4 = _____

_____

555 : 11 = _____

_____

683 – 31 = _____

_____

700 – 376 = _____

_____

Now alternate with your partner saying the problems and answers in Italian.

E ieri cosa ho fatto?
(And yesterday, what did I do?)

In Italian the "conversational past" or *passato prossimo* (literal meaning: the near or proximate past) is one of the most common ways to talk about something that happened an hour ago, yesterday, a month ago, a year or two ago, etc.

Porto lo zaino oggi.	**Ho portato** lo zaino ieri.
I take the backpack today.	*I took the backpack yesterday.*

You'll notice in this example that, while English uses just one verb to communicate the past action— took—Italian uses two verbs: the first one (*ho*, from *avere*) to show WHO did the action in the past, and the second one to tell WHAT THE ACTION WAS (*portato*, from *portare*). **So in Italian you will always need to use two verbs when talking about the near past.**

The past is very easy to create—just use *avere* (or *essere*, in some cases, which we'll talk about in the next *fase*) to show who did the action, PLUS the "already happened" form of the action verb, called the past participle (this "already happened" form is easy to spot—it always ends in *–to*!):

I found > **ho trovato**   *you watched*> **hai guardato**   *he spoke*> **ha parlato**

Here's how to create (most) past participles:

- verbs in the *–are* family: Take off the *–are* and ADD *–ato*:
  trov~~are~~ > trov**ato**; cerc~~are~~ > cerc**ato**; parl~~are~~ > parl**ato**; guard~~are~~ > guard**ato**

- verbs in the *–ire* family—take off the *–ire* and ADD *–ito*:
  pul~~ire~~ > pul**ito**; divert~~ire~~ > divert**ito**; vest~~ire~~ > vest**ito**; dorm~~ire~~ > dorm**ito**

- verbs in the *–ere* family—take off the *–ere* and ADD *–uto*:
  ricev~~ere~~ > ricev**uto**; av~~ere~~ > av**uto**; vend~~ere~~ > vend**uto**; pot~~ere~~ > pot**uto**

Write the following in the past in Italian, using _avere_ to show "whodunit":

WHO DID IT	WHAT HAPPENED	ITALIAN	ENGLISH
io	avere		_I had_
noi	presentare		_we introduced_
tu	trovare		_you found_
Marta	ordinare		_Martha ordered_
voi signore	dormire		_you ladies slept_
lui	cucinare		_he cooked_
Lei, dottore,	ricevere		_You, Doctor, received_
i bambini	pulire		_the kids cleaned_
voi	litigare		_you guys argued/ fought_
tu	abitare		_you lived/ resided_
io	vestire		_I dressed (someone)_
loro	preparare		_they prepared_
noi	incontrare		_we met_
lei	lavorare		_she worked_

Daily Life Italian: Conversational "Formulas" for Common Situations

#3 – On the Telephone

	Formula italiana	Formula inglese
1.	Attenda, prego (formal) Attendere prego	*Hold on, please...*
2.	C'è (*name*)?	*Is (name) there?*
3.	Chi devo annunciare?	*Who may I say is calling?*
4.	Chi è?	*Who is this?*
5.	Chi parla?	*Who's calling/speaking?*
6.	Con chi desidera parlare?	*With whom would you like to speak?*
7.	Con chi parlo?	*With whom am I speaking?*
8.	È caduta la linea.	*We were cut off.*
9.	È in casa (*name*)?—No, non c'è.	*Is (name) home?—No, he's/she's not.*
10.	Le passo... (formal) Ti passo	*I'll let you talk to...*
11.	Mi chiamo (*name*), vorrei parlare con...	*My name is ..., I would like to talk to ...*
12.	Mi può passare (*name*)?	*May I talk to (name)?*
13.	Potrei parlare con...	*May I talk to...*
14.	Pronto!	*Hello!*
15.	Pronto, chi parla?	*Hello, who's calling?*
16.	Richiamo più tardi.	*I'll call back later.*
17.	Riprovi più tardi.	*Try calling back later.*
18	Sono io	*It's me*
19.	Sono (*name*)	*This is (name)*
20.	Viene subito.	*She/he'll be right with you.*

Partner Activity #1:

Take a moment to think of a typical phone conversation, then write the numbers of the phrases in sequence for such a conversation (the opening phrases, below, are already done for you):

Person answering the call: #14 or 15	Person placing the call: #14 and 19

Partner Activity #2:

Compare your sequence with that of a partner. Then, write out a dialog based on your sequence in the space below:

Italian Conventions for "Official" Spelling

Sometimes when you place a call, you may be asked to spell out certain words—especially if you're making a reservation and need to spell a name or write a confirmation number. The official way to spell something in Italian is based on Italian cities that begin with the letter of the alphabet. Although the Italian alphabet only has 21 letters, there are also conventions for using the 5 "foreign imports."

A	a come Ancona
B	bi come Bologna
C	ci come Catania (o Como)
D	di come Domodossola
E	e come Empoli (o Enna)
F	effe come Firenze
G	gi come Genova
H	acca come Hotel
I	i come Imola
L	elle come Livorno
M	emme come Milano
N	enne come Napoli
O	o come Otranto
P	pi come Palermo (o Padova)
Q	cu come Quarto
R	erre come Roma
S	esse come Savona (Salerno, Siena)
T	ti come Torino
U	u come Udine
V	vi come Verona (Venezia)
Z	zeta come Zara (Zurigo)

J	i lunga come Jeans (Jolly)
K	kappa come Kappa
W	doppia vu come Washington
X	ics come Xilofono
Y	i greca (ipsilon) come York

Partner Activity #3:

Using the spelling conventions above, alternate spelling the following words with a partner:

- gatto
- cinese
- robusto
- cognome
- questi
- lavatrice
- dozzina
- farmacia

Italian Conventions for "SMS" Spelling

Of course in the 21st century world of *telefonini* and *cellulari*, there's also texting/text messaging —a style of writing that's *veloce* (quick) and *abbreviata*. This method of writing is known as SMS (*"messaggio"*) in Italian ("textese" is perhaps the most common English name for this unique format of spelling words over electronic media).

This newly emerging *lingua* is very much based on the phonetics, or sounds, of the language. There are some interesting shortcuts similar to those used in English; such as replacing sounds in a word or even whole words with numbers, letters, or mathematical symbols that sound the same or have the same meaning. For example:

- "for you" in English is "4u" because the number and the letter sound just like the phrase.
- In Italian, "for you" is *"per te,"* which is written *"x te"*—x because *"per"* means not only "for" but also "times," as in the multiplication of numbers,: "2 x 2 = 4," or *"due per due fa quattro."*

Like English texting, Italian SMS may also use numbers: for example, *6 = sei (you are)* because both the number and the phrase are pronounced and spelled the same way. It can also use a single letter to replace a syllable pronounced the same way, as English does: "c=see," and, in Italian, *"t = ti" (you)* or *"ke=che" (what or that)* or *"ki=chi" (who)*, because the *ch* combination in front of *e* or *i* creates a *k* sound.

Two of the most common SMS/Textese strategies in both English and Italian are to:
1) Drop vowels that are non-essential for understanding, as in:

- English: "txt=text" or "pls=please"
- Italian: *"nn=non" (not)* or *"cmq=comunque" (anyway, however)*

2) Abbreviate entire phrases as acronyms. That is, you use only the first letter of each word in the phrase to create a new "word" (sometimes written in all capital letters, to signal that it's an acronym):

- English: "LOL=laughing out loud" or "BTW=by the way"
- Italian: *"MMT=mi manchi tanto"* (*I miss you a lot*) or *"TVB= ti voglio bene"* (*I love you*)

Generally, you need a good knowledge of Italian to understand and use these abbreviations, but some are so common and stand for such frequently used words that you can probably comfortably recognize them when someone texting you uses them; or, better yet, you can begin to use them for your own communications.

Here's a list of some of the most common SMS "words" you're likely to experience:

Italian SMS w/ meaning	*English*	Italian SMS w/ meaning	*English*
AGREE-/ DISAGREEING: zizi = sì sì k = "ok" kk = "ok ok" nu = no nn = non	*yes* *OK* *OK OK* *no* *not*	***BEING COURTEOUS:*** 1. x fv = per favore 2. risp = rispondi 3. ttp = torno tra un pò 4. scs = scusa 5. t tel + trd = ti telefono più tardi	*1. please* *2. reply* *3. back in a bit* *4. excuse me* *5. I'll call you later*
QUESTION WORDS: qnd = quando xké **OR** xché **OR** X'=perché ki= chi km **OR** cm = come ks **OR** cs = cosa ke = che qnd = quando qnt = quanto	*when* *why* *who* *how* *what* *what* *when* *how much*	***LEAVE-TAKING:*** 1. cvd = ci vediamo dopo 2. ap = a presto 3. c sent = ci sentiamo 4. dp = dopo 5. a dom = domani	*1. see you later* *2. see you soon* *3. talk to you later* *4. later* *5. see you tomorrow*

EXPRESSING SELF:		ANSWERS/ INFO:	
sn = sono	*I am*	1. 6 = sei (tu sei)	*1. you are*
sxo = spero	*I hope*	2. xké **OR** xché **OR** X"	*2. because*
x me = per me	*for me*	= perché	
tvb = ti voglio bene	*I love you*	3. ke = che	*3. that*
+o- = più o meno	*more or less*	4. anke = anche	*4. also*
-male = meno male	*thank*	5. qlc **OR** qlk1=	*5. someone*
sl = solo	*heavens!*	qualcuno	
smpr = sempre	*only*	6. qls **OR** qlks=qualcosa	*6. something*
xxx **OR** "bax bax bax"	*always*	7. qlk = qualche	*7. some*
= tanti baci	*kisses*	8. qst = questo	*8. this*
trnqui = tranquillo	*calm*	9. kn **OR** cn= con	*9. with*
trp = troppo	*too much*	10. cmq = comunque	*10. anyway*
frs = forse	*maybe/*	11. prox = prossimo	*11. next*
xò = però	*perhaps*	12. x= per	*12. for*
	but	13. sx = sinistra	*13. left*
		14. dx = destra	*14. right*
		15. cel = cellulare	*15. cell phone*
		16. tel = telefono	*16. phone*
		17. Se# = settimana	*17. week*
		18. disc = discoteca	*18. discoteque*
		19. xsona = persona	*19. person*
		20. msg **OR** SMS=	*20. message/ text*
		messaggio	

SMS/Text messages are often accompanied by emoticons or "*faccine*" (little faces) to express reactions or emotions about what was written. See how many of the symbols accompanied by their Italian phrases you can `decode' below:

= molto felice

= il classico sorriso

= tristezza, malumore

= strizzare l'occhio

= la classica linguaggia

:P = linguaccia

:-ppp = linguaccia

;(= tristezza, malumore

:-o = sorpreso

:-O = maggiormente sorpreso

#:-o = shokkato, traumatizzato.

=:-§ = sorpreso, traumatizzato

$) = felice di aver vinto la lotteria

:-(= infelice

$(= senza soldi, squattrinato.

:-p~ = piccolo fumatore

:-Q~ = fumatore

:-q = leggermente nauseato

:-Q = molto nauseato

:-* = baciare

;-* = baci

:x :X = bacio o bocca cucita

#) = ubriaco o accecato

#(= ubriaco e/o malinconico

:-/ = scettico, non molto convinto

:-// = per niente convinto

:'(= piangere

:'-(= piango

:-') = piango di gioia

(: - S = ammalato

: ''(= sto male

:-D = risata

:*) = pagliaccio

:-I = non mi piace cosa dici

:-M = parlare non male o semplicemente chiacchierare

:-| = fissare, osservare. In alcuni casi inteso come sorriso provocatorio.

*<:-) = Babbo Natale

=(8^(I) = Homer

:-i = penso

:-o = WoW

(:-i = che vergogna!

Partner Activity #4:

Create a short SMS (to a good friend in the column on the left (try to use at least 6-10 characters; you can fill in with "normal" Italian words if you don't find the "textese" to say what you want). Then give your message to a partner and have them write—in full Italian sentences—what they think you said:

SMS	in italiano "standard"

Una bella cifra! (A pretty penny!)

#	*nome*	#	*nome*
1.000	**mille**	100.000	**centomila**
1.001	milleuno	453.199	quattrocentocinquantatremila-centonovantanove
1.038	milletrentotto	600.000	**seicentomila**
1.100	millecento	712.523	settecentododicimilacinque-centoventitré
1.815	milleottocentoquindici	1.000.000	**un milione** (*a million*)
2.000	**duemila**	1.300.213	un milione e trecentomiladue-centotredici
6.827	seimilaottocentoventisette	2.000.000	**due milioni** (*two million*)
10.000	**diecimila**	1.000.000.000	**un miliardo** (*a billion*)
15.000	**quindicimila**	2.000.000.000	**due miliardi**
84.000	ottantaquattromila	1.000.000.000.000	**un bilione** (*a trillion*)

Yes, you are correct! In Italian, you form numbers over 1,000 by continuing to stick them together. A few other details to remember:

• The word for 1.000 is *mille*—which is the singular; the plural of *mille* is *mila* (two thousands = due**mila**).

• If the number is a year, then you have to put "the" in front of it (this is a shorthand way of saying "the year"); for example, *il 1861 (il milleottocentosessantuno)* or *il 2012 (il duemiladodici)*. Of course, if you want to say "in the year 1995," you would say *nel milenovecentonovantacinque (in + il combine to make nel)*.

• If you want to say "a million" or "a billion" of something, you add the word *di* before the noun: *ci sono un milione di turisti a Roma* (There are a million tourists in Rome).

Quanto costano queste macchine?

Below is a Listino Prezzi for various automobiles. As you read them, notice that Italian reverses the order of the comma and the period in their numbers. That is, *i centesimi* (cents) come after a <u>comma</u>, not a period like in English. This means that €1.522,15 is *millecinquecentoventidue euro e quindici centesimi*.

Partner Activity 1:

Alternate reading out loud the items on the Listino Prezzi with your partner.

Pimo	da € 8.090	X-Trail	da € 129.873
Micro	da € 10.957, 75	Sentierino	da € 635.798
Nota	da € 13.453, 25	Murano	da € 442.661
370 Z	da € 541.050	Cubo	da € 97.332
GR-R	da € 282.506	Jukko	da € 216.117
Casci	da € 18.914, 50	la Bici Luxe	da € 1.081,85
Casci+2	da € 21.000,90		

Partner Activity 2:

You and your best friend decide to buy the same cars. Write out the cost of each pair below:

- Pimo   2 x € 8.090

    =_____

- Cubo   2 x € 97.332

    =_____

- Jukko   2 x € 216.117

    =_____

- 370 Z   2 x € 541.050

    =_____

Dove siamo andati ieri?

As you may recall, in Italian, the "conversational past" or *passato prossimo* is one of the most common ways to talk about something that began and ended in the past:

<u>Ho portato</u> lo zaino ieri.   Lui <u>è andato</u> a casa la settimana scorsa.

I brought the backpack yesterday.   *He went home last week.*

REMEMBER! Italian uses two verbs: the first one to show WHO did the action in the past, and the second one to tell WHAT the action was in the past. **So in Italian you will** <u>always</u> **need to use two verbs when using the passato prossimo.**

To talk about something that took place in the past, you will ALWAYS use the "already happened" form of the action verb, called the past participle (which you remember is easy to spot—it always ends in *–to;* see the refresher below).

But which verb goes in front to tell the WHO—that is, whether it's *avere* or *essere*—<u>depends on the action</u> (i.e., verb) you're talking about.

Most of the time, you will use *avere* **to show the WHO.** This is because most actions are

1. the performing of an *activity*, such as: seeing, meeting, working, offering, eating, etc., and
2. *involve something or someone (besides the subject) directly affected by the action of the verb*, such as: seeing <u>the flower</u>, meeting <u>some friends</u>, working <u>a job</u>, offering <u>a coffee</u>, eating <u>a slice of pizza</u>.

These kinds of verbs require an <u>**object**</u> to complete their meaning. For example, when someone says: "She gave " a natural reaction is to ask, "She gave **what**?" These types of verbs take a direct object, and so are called **transitive**. In Italian, transitive verbs almost always take *avere* to communicate WHO did the action in the past.

*   HELPFUL HINT: If you can ask and answer the questions "What?" or "Whom?" after the verb in the sentence, it almost always takes *avere* in the *passato prossimo*:
    *   **action verb + what? whom?** Examples: 1) You called the dog. <u>What</u> did you call? The dog. 2) I see the boys. <u>Whom</u> do you see? The boys.

The meaning of a transitive verb is incomplete without a <u>direct object</u>. For example:

Incomplete	Complete
The bookshelf *holds*.	The bookshelf *holds* my encyclopedias.
We *named*.	We *named* three winners.
Maria *broke*.	Maria *broke* the hallway mirror.
We *saw*.	We *saw* a blue car.

Other times, however, the verb represents

1. *a state or condition* (such as: being, staying, growing, becoming), or
2. *expresses movement or motion* (for example: going, arriving, entering, exiting) *but not performing an activity.*

With these kinds of verbs you'll use *essere* to tell WHO performed the action. (Grammatically, we call these kinds of verbs intransitive; that is, they don't take a direct object, which is what transitive verbs do.)

- HELPFUL HINT: If you CAN'T answer the questions "What?" or "Whom?" from the verb in the sentence, but you CAN find information about when, how long, where, or how, then it will likely take *essere*:
  - **descriptive verb (condition or movement) + where? how? how long? when?** Here are examples:
    1) We go to work. <u>Where</u> do we go? To work.
    2) She was beautiful. <u>How</u> was she? Beautiful.
    3) They stayed late. <u>How long</u> did they stay? Late.
    4) You left early yesterday. <u>When</u> did you leave? Early.

One more thing to know when you use *essere* in the *passato prossimo:*

- **The end of the past participle changes to match the gender and number of who is doing the action, and this change follows the typical "4 flavor" pattern:**
  - *Io (Teresa) sono andatA a casa. Io (Teresa) e Anna siamo andatE a casa.*
  - *Tu (Marco) sei arrivatO tardi. Tu (Marco) e Rufi siete arrivatI tardi.*

REFRESHER: how to create (most) past participles:

- verbs in the *–are* family—take off the *–are* and ADD *–ato*:

  trov~~are~~ > trov**ato**; cerc~~are~~ > cerc**ato**; parl~~are~~ > parl**ato**; guard~~are~~ > guard**ato**

- verbs in the *–ire* family—take off the *–ire* and ADD *–ito*:

  pul~~ire~~ > pul**ito**; divert~~ire~~ > divert**ito**; vest~~ire~~ > vest**ito**; dorm~~ire~~ > dorm**ito**

- verbs in the *–ere* family—take off the *–ere* and ADD *–uto*:

  ricev~~ere~~ > ricev**uto**; sap~~ere~~ > sap**uto**; vend~~ere~~ > vend**uto**; pot~~ere~~ > pot**uto**

Activity 1:

Cross out the ending vowel of the past participle and replace it with the correct one to match who is doing the action in the past (that is, the subject of the sentence):

WHO DID IT?	PAST PARTICIPLE	WHO DID IT?	PAST PARTICIPLE
lei	stato (essere)	voi donne	stato (essere)
lui	stato (essere)	noi uomini	stato (essere)
io (fem.)	ritornato (ritornare)	io e Roberto	ritornato (ritornare)
tu (male)	uscito (uscire)	Anna e Maria	uscito (uscire)
loro (fem.)	entrato (entrare)	noi (male)	entrato (entrare)
voi (mixed)	partito (partire)	tu (fem.)	partito (partire)
Lei (male)	arrivato (arrivare)	noi (fem.)	arrivato (arrivare)
loro (male)	andato (andare)	voi (mixed)	andato (andare)
tu (fem.)	venuto (venire)	tu, Bob, e Rita	venuto (venire)
io (fem.)	passato (passare)	noi ragazze	passato (passare)
lui	riuscito (riuscire)	voi signori	riuscito (riuscire)
Lei, signora,	stato (stare)	io e lui	stato (stare)
lui	si…alzato (alzarsi)	io (Tom) e Anna	ci…alzato (alzarsi)
tu, Maria,	ti…laureato (laurearsi)	tu, Maria, e Rita	vi…laureato (laurearsi)

Partner Activity #2:

Find 2 other people and compare your past participle changes. Discuss any differences you find, and ask for help as needed.

Activity 2:

Write the following in the past in Italian, using *essere* to show "whodunit":

WHO DID IT?	WHAT HAPPENED?	ITALIAN	ENGLISH
io (male)	essere		*I was*
noi (mixed)	stare		*we stayed*
tu (fem.)	tornare		*you returned*
Marco	uscire		*Mark went out*
voi signori	entrare		*you gentlemen entered*
lui	partire		*he left*
Lei, dottore,	arrivare		*You, Doctor, arrived*
le ragazze	venire		*the girls came*
voi (fem.)	alzarsi		*you guys got up*
tu (male)	svegliarsi		*you woke up*
io (fem.)	vestirsi		*I got dressed*
loro (mixed)	riuscire		*they succeeded*
noi (fem.)	cambiarsi		*we changed clothes*
lei	divertirsi		*she had fun*

NOTE: The past participles below for verbs using *essere* are IRREGULAR:

essere > stato (was)   perdersi > perso (got lost)
scendere > sceso (descended, got off/ down from)
nascere > nato (was born)   morire > morto (died)
piacere > piaciuto (was pleasing to/ liked;
the subject is WHAT is liked, not who is doing the liking.)

Daily Life Italian: Conversational "Formulas" for Common Situations

#4 – Commands, Exclamations, and Signage

	Formale	Informale	Equivalente inglese
1.	Aiuto!	"	*Help!*
2.	Al fuoco!	"	*Fire!*
3.	Al ladro!	"	*Stop, thief!*
4.	Alt *or* Stop	"	*Halt or Stop*
5.	Aperto		*Open*
6.	Aspetti!	Aspetta!	*Wait!*
7.	Attento/a/i/e	"	*Be careful*
8.	Attenzione!	"	*Watch out!*
9.	Avanti!	"	*Go on!*
10.	Basta!	"	*Enough!*
11.	Ben detto! Ben fatto!	"	*Well said! Well done!*
12.	Bene	"	*Good*
13.	Benedetto/a/i/e	"	*Blessed!*
14.	Bravissimo/a/i/e	"	*Very good*

	Formale	Informale	Equivalente inglese
15.	Bravo/a/i/e	"	*Bravo/ Good job*
16.	Che bravo/a/i/e!	"	*That's good!*
17.	Che peccato!	"	*What a pity/ shame! Too bad!*
18.		Dai! *or* Su!	*Come on!*
19.		Datti da fare!	*Get busy!*
20.	Che/Cosa è successo?	-	*What happened?*
21.	Che/ Cosa ha?	Che/ Cosa hai?	*What's the matter?*
22.	Chiuso		*Closed*
23.	Faccia pure!	Fallo!	*Go ahead, do it!*
24.	Fuori di qui!	"	*Get out of here!*
25.		Guai a... (me, te, lui, lei, noi, voi, loro)	*Woe to... (me, you, him, her, us, you guys, them)*
26.	Indietro!	"	*Go back!*
27.	Mi dia...	Dammi...	*Give me*
28.	Mi dica	Dimmi	*Tell me*
29.	Non entrare *or* Vietato entrare		*Do not enter*
30.	Non potabile/ Potabile		*Not drinkable/ Drinkable*
31.	Ottimo!		*Excellent!*
32.	Parli forte/ piano!	Parla forte/ piano!	*Speak up/ lower!*

	Formale	Informale	Equivalente inglese
33.	Parli!	Parla!	*Speak out!*
34.	Pazienza!	Abbi pazienza!	*Be patient!*
35.	Pericolo (di morte)		*Danger (of death)*
36.	Presto! *or* Si sbrighi!	Presto! *or* Sbrigati!	*Hurry up!*
37.		Sii serio/a!	*Be serious!*
38.		Smettila! *or* Finiscila! *or* Basta!	*Stop it!*
39.	Silenzio!		*Silence! Be quiet!*
40.	Sta zitto/a!	Stai zitto/a!	*Shut up!*
41.	Tocca a Lei!	Tocca a te!	*It's your turn!*
42.	Va via!	Vai via! Vattene!	*Go away!*
43.	Venga!	Vieni!	*Come!*
44.	Vietato		*Forbidden*
45.	Vietato fumare		*No smoking*
46.	Vietato l'accesso		*No entry*

Activity 1:

Write 3–5 phrases in EACH box below. When you are done, share your choices with a partner or two.

signs	safety	negative	positive

Partner Activity 2:

Review the terms with your partner and organize them into logical categories. In the space below, create a mind map showing the categories you've come up with and which terms are "attached" to each category.

Daily Life Italian: Conversational "Formulas" for Common Situations

#5—Celebrations and Well-wishing

	Formula augurale	Equivalente inglese
1.	Auguri!	*Best wishes!*
2.	Beato/a (te, lui, lei) Beati/e (voi, loro)	*Lucky you!*
3.	Buon appetito	*enjoy your meal*
4.	Buon Capodanno	*Happy New Year*
5.	Buon compleanno	*Happy birthday*
6.	Buon Ferragosto	*[August 15; Summer Holiday]*
7.	Buon Natale	*Merry Christmas*
8.	Buon onomastico	*[Saint's Day; saint you're named after]*
9.	Buon riposo	*Sleep well*
10.	Buona Befana	*[January 6; Epiphany]*
11.	Buona fortuna	*Good luck*
12.	Buona Pasqua	*Happy Easter*
13.	Buona permanenza	*Have a good stay*
14.	Buonanotte	*Good night*
15.	Buonasera	*Good evening*
16.	Buone cose/ Tante buone cose	*All the best*
17.	Buone feste	*Happy Holidays*
18.	Buone vacanze	*Enjoy your vacation*

	Formula augurale	Equivalente inglese
19.	Buon viaggio	*Have a good trip*
20.	Buongiorno	*Good morning*
21.	Cento di questi giorni!	*And many more! (at a birthday)*
22.	Cin-cin/Salute	*Cheers! (before taking 1st drink)*
23.	Complimenti / Felicitazioni/Congratulazioni	*Congratulations*
24.	Evviva!	*Hurray!*
25.	Facciamo un brindisi	*Let's make a toast*
26.	Felice anno nuovo	*Happy New Year*
27.	Felicità	*Much happiness*
28.	Grazie, altrettanto!	*Thanks and same to you*
29.	In bocca al lupo (*respond with:* crepi!)	*Good luck! Break a leg!*
30.	Salute	*Bless you (said after a sneeze)*
31.	Salutami a tutti	*Say hi to everyone for me*
32.	Sogni d'oro	*Sweet dreams*
33.	Stammi bene	*Be well; Take care of yourself*
34.	Tante belle cose	*Best wishes*
35.	Tanti auguri	*Best wishes*

Partner Activity 1:

You say phrase #35, and your partner says #34. Continue alternating saying the phrases until you get to #1.

Partner Activity 2:

In the space below write down as many phrases as you and your partner can link together logically. For example: *Buon compleanno* (#5) − *Cento di questi giorni!* (#21). When done, compare your list with that of another pair.

Partner Activity 3:

With a partner, decide which phrases you would use for the following situations, and write them in the appropriate categories below:

say on holidays	say in daily life	say for special events

Partner Activity 4:

Review with your partner the other 4 Daily Life Italian pages and identify any phrases that can logically be used within the context of Celebrations and Well-wishing. Then organize them into logical categories and, in the space below, create a mind map showing the categories you've come up with and which terms are "attached" to each category.

Introduction to the *Appendice:*
Altre cose utili

This section of *Piazza Nostra* contains a variety of resources for you to use in your ongoing practice and assignments. Below is an overview of the contents of this section:

- **Brainstorming Exercises for Beginning Each *Fase*:**
  The materials in this section provide interactive handouts to introduce you to the general topic of each *Fase*. They have been developed to help activate the knowledge you already have so that it will be easier for you to understand and learn new information and ways of seeing the world and communicating in Italian. You will get the most benefit from them if you complete them BEFORE the first class session for that *Fase* and if you compare your thoughts and ideas with those of one or two partners.

- **Mappe Mentali** (*Mind maps*):
  Concept or "mind" maps help you organize important information, vocabulary, and points of usage around key concepts or topics. They are an easy, visual way to connect words and phrases to situations and contexts so you can more readily remember them and know when to use them appropriately. They are also excellent tools for preparing to write, for organizing dialogs, and for studying for tests and quizzes. Since YOU create them, they help you to use and understand the language in ways that are most natural to you and your needs.

  This section contains two types of mind maps: one, called **La mia valigia** (*My suitcase*) that is already structured for use in the *Prima Fase*, and another, which provides a general template you can use to create your own maps for later *Fasi*.

- ***Diario Italiano* Template:**
  The more you use the language, the less intimidating it is and the better you become at it. Throughout the semester you will be doing very short, independent writing projects to help you begin to incorporate Italian into your daily thoughts and routines so that it truly becomes your own and you begin to naturally live and think *all'italiano*.

- **Dialog Template for "*Conversazioni in piazza*":**
  These general instructions help you create brief, focused dialogs based on the general topic of each phase of your Italian language and culture journey. They will help you to better understand and integrate vocabulary from Fotoquizzes

and Toolkit Cards with the common phrases introduced in the "Daily Life Italian" pages.

- **ABCD Response Card:**
  Have this card on hand in every class so you can respond quickly to multiple-choice questions the instructor may ask to assess your oral comprehension of Italian and your understanding as to how the language works.

- **Past Participles Toolkit Cards:**
  These cards provide the correct form of the verb used to indicate that an action began and ended in the past for all of the verbs included in the *Piazza Nostra* Fotoquizzes. To create the past tense (*il passato prossimo* or conversational past), you just place the past participle card AFTER the Toolkit card with the appropriate form of *avere* or *essere* (TK 2A) to show who did the action in the past.

- **Fotoquiz/ Toolkit "Crosswalk":**
  This overview shows which Toolkit cards to use with the various Fotoquizzes so you can practice and better understand the patterns and concepts of the words and phrases. If you cut apart the Toolkit cards, you can use them together with the Fotoquizzes to practice changing the words, creating "package deals," and making full sentences. Using the Toolkit cards this way is most useful for visual and kinesthetic learners.

- **Thematic Index of Materials:**
  This section helps you find all the words and phrases related to a particular topic or theme, like food, people, places, etc. Use it to fill gaps and customize your learning.

Prima Fase Incontro Handout

The goal (or "the why") of your learning for this section:

By the end of this phase, you will be able to talk—in Italian—about various items you're packing for your trip to Italy this semester. You will also be able to identify the major cornerstones of Italian culture and principal patterns of the Italian language.

What information/skills ("the what") do you need to know/learn to achieve the goal?

 BRAINSTORM what you <u>already know</u> about the two main topics:

packing for a long trip	Italian culture and language

When you're done jotting down ideas, compare your lists with those of a classmate. As you compare, feel free to add to your own list.

SURVEY: List what you need to find out and resources you can use to achieve the goal

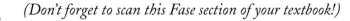

(Don't forget to scan this Fase section of your textbook!)

When you're done jotting down your survey results, compare your list with that of a classmate. As you compare, feel free to add to your own list.

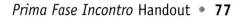

IDENTIFY what YOU, specifically, want to achieve during this part of the course. This can include specific things you want to be able to say, do, or know that are related to the topic. This information will help you and the instructor customize your learning and increase your success in the course.

When you're done noting some of your "essentials" in the box above, write down 3 ways you might go about finding the information you need:

1.

2.

3.

Then share your strategies with a partner, adding any additional ideas you like, or questions you may have.

Seconda Fase Incontro Handout

The goal for this section:

By the end of this phase, you will be able to describe the appearance and personality of people, as well as talk about basic activities and possessions in Italian. You will also be able to identify and describe the typical places in *Piazza Nostra* that your 'Italian family' group "owns."

What information/skills ("the what") do you need to achieve the goal?

 BRAINSTORM what you <u>already know</u> about the two main topics:

describing people	typical Italian places

Compare your lists with those of a classmate. As you compare, feel free to add to your own list.

SURVEY: LIST the types of places YOU would be interested in learning more about and collaboratively "creating" for our class *piazza*. *(Scan this Fase section of your textbook for ideas!)*

IDENTIFY what YOU, specifically, want to achieve during this part of the course. This can include specific things you want to be able to say, do, or know that are related to the topic. This information will help you and the instructor customize your learning and increase your success in the course.

Sometimes to learn a new language it helps to "become" a person in that culture, or to take on an alter ego—that is, to act in a way that's different from how you normally are. (For example, if you're rather shy, you act bold and outgoing, like an actor performing a role on stage.)

If you were to create a *Piazza Nostra* persona/alter ego, what would he/she be like?

Nome:

Apparenza:

Carattere:

Now, write a sentence or two explaining the choices you made in this exercise:

Terza Fase Incontro Handout

The goal for this section:

By the end of this phase, you will be able to describe and talk about family and relatives in Italian, including origins, homes, and furnishings. You will also learn how to collaboratively create a family tree, history, and home for your *Piazza Nostra* family.

What information/skills do you need to achieve the goal?

 BRAINSTORM what you <u>already know </u>about the two main topics:

nuclear vs. extended family	home and furniture essentials

Compare your lists with those of a classmate. As you compare, feel free to add to your own list.

 SURVEY: LIST your <u>immediate</u> mental image of the subjects below by jotting down as many <u>describing words/phrases</u> about each that you can. (Don't overthink!)

the typical American family
the typical Italian family
my family (real or ideal)

IDENTIFY the type of Italian family that YOU would like to live with during a semester-long stay in Italy. Be sure to include the part of Italy they would be living in/come from, what work/profession they do for a living, what they might look/act like, what their interests/hobbies might be, what kind of house they might live in, etc.

Now, write a sentence or two explaining the choices you made in this exercise:

Nome _____ *Data* _____

Quarta Fase Incontro Handout

The goal (or "the why") of your learning for this section:

> By the end of this phase, you will be able to talk about daily life activities throughout the year, such as chores, errands, work, and school, including cultural concepts such as *la passeggiata*, *la bella figura* and the European Union. You will also learn how to create a family *agendino* and a tourism *depliant* for your `family's' home region.

What information/skills ("the what") do you need to achieve the goal?

 BRAINSTORM what you <u>already know</u> about the two main topics:

daily routines	common activities and hobbies

 SURVEY: LIST your <u>immediate</u> mental image of the subjects below by jotting down as many <u>ideas or descriptions</u> about each that you can. (Don't overthink!)

typical jobs
school/ fields of study
Europe

IDENTIFY the things most important or memorable to YOU for the categories given below:

My typical week:	My "must-can-want" to-dos:	My free-time favorites:

Now, write a few sentences describing the 5 "must see/ must do" experiences you would make sure to have during your stay in Italy, and why:

Nome _____ Data _____

Quinta Fase Incontro Handout

The goal (or "the why") of your learning for this section:

By the end of this phase, you will be able to talk about a variety of activities in the present, past, and future, including travel, culture, and typical holidays. You will also learn how to organize a typical Italian *festa*, to celebrate *Piazza Nostra* and our *bel soggiorno italiano!*

What information/skills ("the what") do you need to achieve the goal?

 BRAINSTORM what you <u>already know</u> about the two main topics:

"signal" words for past, present, future	holidays and celebrations

 SURVEY: LIST what you understand/think about when you see/hear the word *culture*?

IDENTIFY the most important or memorable places, people, and events for each category given below. Provide enough key words/ details to give a clear idea of what happened, when, and where....

My favorite celebrations:	My most memorable year:	My travels (past and dream):

A festa favolosa in piazza would include....

La mia mappa mentale

Titolo _____

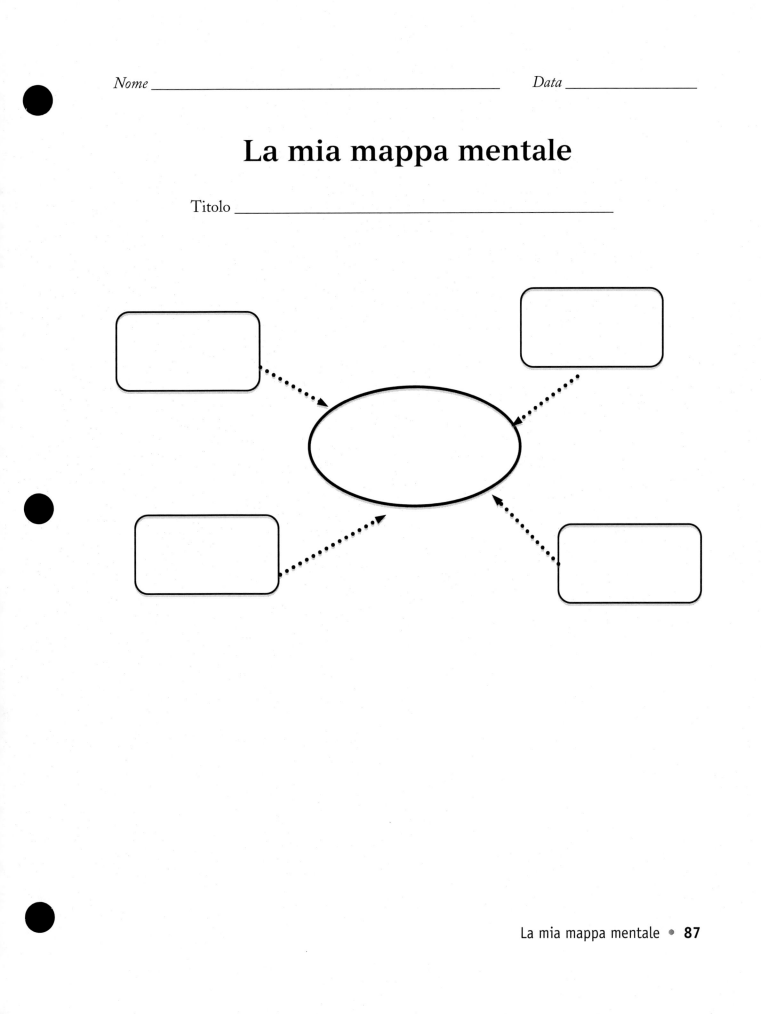

La mia mappa mentale: Things to pack for my Italian trip

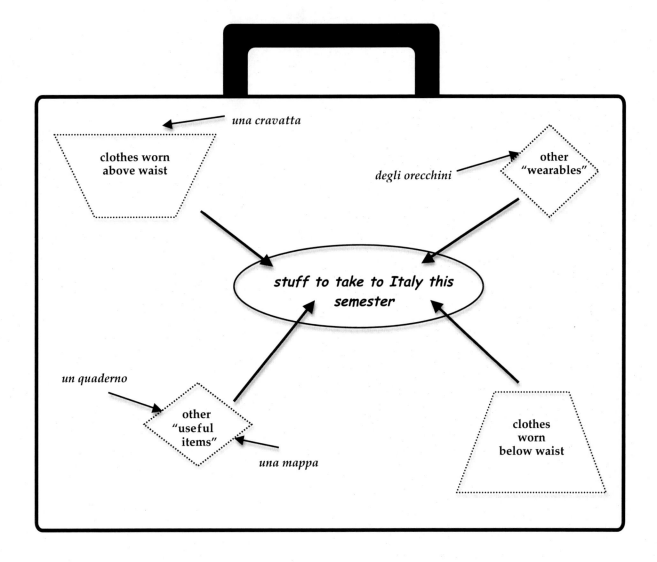

Il Mio Diario Italiano: _____ Fase

The goal of your *diario* is to become increasingly comfortable and confident in Italian as you begin to apply your learning in this *Fase*. So use as many Italian words as you can as you write about your daily activities and observations. Be sure to <u>underline the Italian words</u> so you can easily monitor your progress over time—you'll be amazed!

Data	Le mie note
Aug. 22 (22/8)	*Today I began my <u>italiano</u> class. I learned about <u>la piazza</u> in Italian life and culture. Italy is called <u>l'Italia</u>. My teacher's name is <u>la professoressa</u>. <u>Ciao</u>!*

Il mio vocabolario personale: _____ *Fase*

While you will be learning many new Italian words during this *Fase* of the course, they may not be the ones YOU use or need the most. Here is the "parking lot" where you can capture and save things you discover or want to remember to look up or ask about:

Reflections on My Learning

Jot down your thoughts in the following categories as you progress through this Fase, so that you and your instructor can get a clearer idea of what works or doesn't work for you:

LIKE (Achievements/Successes):
DISLIKE (Challenges/Frustrations):
REALIZE (Discoveries/Observations):
HELP (Questions/Clarifications Needed):

Conversazioni in Piazza:
_____ Fase

È una conversazione su (about)…?   _____

CHI parla?	1. <u>nome</u> (ex: *Marco*) brief description (ex: *visitor to Rome*)	2.	3.	4.

DOVE sono?   _____

COSA succede? Brief descriptions of the following….

Atto I	opening action *(ex: Marco enters gelateria)*
Atto II	middle –main purpose or "meat"—of the conversation *(ex: Marco asks the server about flavors and is happy about prices)*
Atto III	closing action *(ex: Marco buys gelato and eats it as he leaves)*

- Each **Atto** (*Act*) is defined by the major focus or goal of the interaction in that section. For example, 3 acts in a store could be: Act I: Enter and greet. Act II: View and discuss items you are interested in. Act III: Purchase items and depart. The conversation in each act can have multiple "rounds" between the people talking (i.e., A:…. B: … A:… B:…)
- A **Dialogo** (*Dialog*) is a conversation between 2 or more people which uses the format of:
  Name of 1st Speaker: *says something*   Name of 2nd Speaker: *says something* etc.
- A **Monologo** (*Monolog*) has only a single speaker. If a speaker talks for a long time in a conversation, this section of the dialog can be referred to as a monolog.
- If you wish, you can use speech or thought bubbles and images with your conversazione. For example, you can insert clip art images of people and "Callouts" from the "Autoshapes" or "Object Palette" section of your word processing program's Toolbox. (You can see an example on the back of this sheet.)

Act I: Opening (greeting/ first countact)

Act II: Middle (the "business")

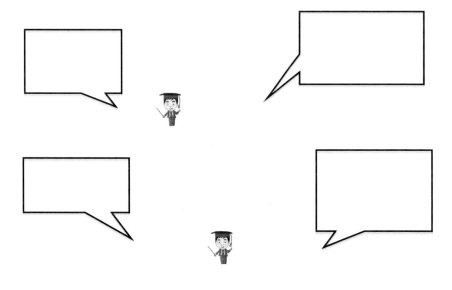

Act III: Ending (the leave-taking/ disengagement)

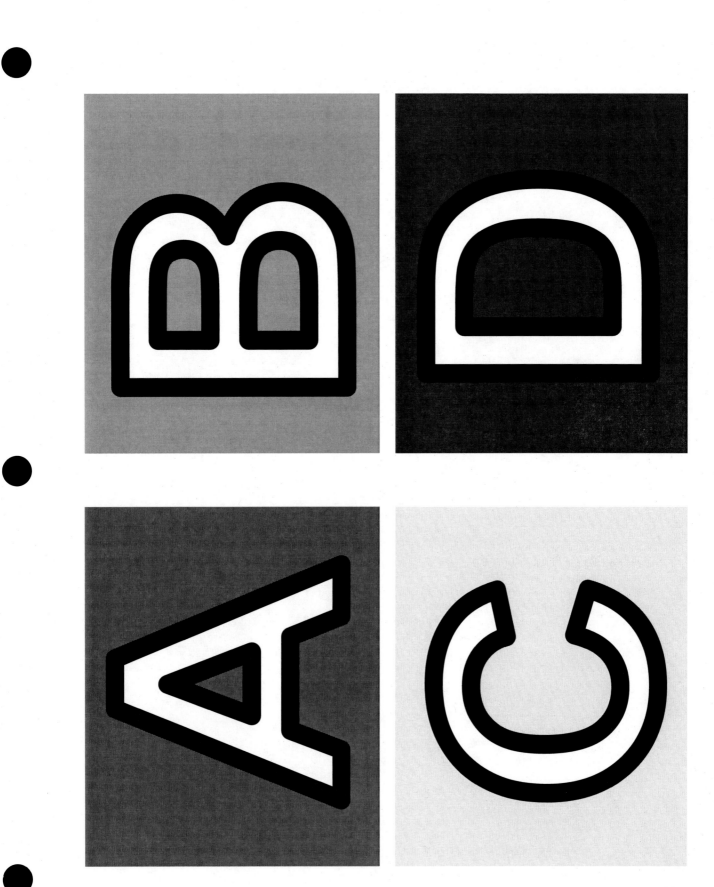

Fotoquiz/Toolkit "Crosswalk"

Many Fotoquizzes have accompanying Toolkit Cards that are designed for you to cut apart and use both inside and outside of class. They will help you to practice the language and understand better how it works. You will use them for study (as flashcards) and for forming sentences or questions during each fase.

NOTE: Toolkit Cards appearing in italics are for verbs in their past tense form (*il passato prossimo*), which is introduced towards the end of the Terza Fase. You can therefore set them aside until needed.

Location	Fotoquiz	Related Toolkit Cards
Prima Fase	FQ 1.4 *La valigia e lo zaino*	TK 1A
	FQ 1.7 *Roba nostra*	TK 1B
	FQ 1.8 *Azioni!*	*TK AA*
Seconda Fase	FQ 2.1 *La gente*	TK 2A
	FQ 2.5 *Com'è la persona fisicamente?*	TK 2B
	FQ 2.6 *Com'è la persona di carattere?*	TK 2C
	FQ 2.8 *Azioni!*	TK 3D, *AA*
	FQ 2.9 *La piazza*	TK 2D, 3B
	2.11 *Cosa facciamo oggi?*	TK 2E, 2F, *AA, ZZ*
Terza Fase	FQ 3.1 *La famiglia*	TK 3A
	FQ 3.2 *I pasti*	TK 3G
	FQ 3.4 *Cosa facciamo oggi?*	TK 3D, AA
	FQ 3.5 *La casa e i mobili*	TK 3B, 3C
	FQ 3.7 *La vita quotidiana*	TK 2E, 3E, 3F, *AA, BB, ZZ, ZZZ*
	Ieri cosa ho fatto?	*TK AA, BB*

Location	Fotoquiz	Related Toolkit Cards
Quarta Fase	FQ 4.1 *A scuola e al lavoro*	**TK 4A, 4B, 4C,** *BB, CC,* **ZZZ**
	FQ 4.2 *A scuola e al lavoro*	**TK 4D, 4E**
	FQ 4.3 *Le commissioni e il tempo libero*	**TK 4A, 4B, 4C,** *CC, DD,* **ZZZ**
	FQ 4.4 *Le commissioni e il tempo libero*	**TK 4D, 4E**
	Dove siamo andati ieri?	**TK4E,** *ZZ,* **ZZZ**
Quinta Fase	FQ 5.2 *Viaggiare*	**TK 5A,** *DD,* **ZZZ**
	FQ 5.4 *La cultura*	**TK 5B**

Thematic Index

Theme/ Topic	Fotoquiz (FQ)/ Toolkit Card (TK)/Daily Life Italian (DLI)
Actions *(verbs)*	*Seeing Things and Pointing Them Out in Italian*
	FQ 1.8/ 2.8 Azioni! *(Action!) (same verbs, different subjects)*
	FQ 2.11/3.4 Cosa facciamo oggi? *(What'll we do today?—io-tu-noi) (same verbs, different subjects)*
	TK 2A
	TK 2E
	TK 2F
	FQ 3.7 La vita quotidiana *(Daily Life)*
	TK 3A
	TK 3D
	TK 3E
	TK 3F
	FQ 4.1 A scuola e al lavoro *(At school and at work, part 1)*
	FQ 4.3 Le commissioni e il tempo libero *(Errands and Free Time, part 1)*
	TK 4A
	TK 4C
	FQ 5.2 Viaggiare *(Traveling, part 1);*
	TK 5A
	TK 5B
	TKs AA-DD; ZZ and ZZZ
	DLI #3: On the Telephone
Alphabet and Sound System	*Introduction to the Italian Alphabet and Sound System*
Asking Questions	**TK 2F**
	DLI #2: Interacting and Keeping Conversations Going
	DLI #4: Commands and Exclamations

Theme/ Topic	Fotoquiz (FQ)/ Toolkit Card (TK)/Daily Life Italian (DLI)
Colors	FQ 1.3 I colori *(Colors)* TK 1B
Common Expressions	TK 1A TK 2E TK 3A TK 3E TK 3F TK 4B TK 5A TK 5B **Daily Life Italian:** **#1: Meeting and Greeting** **#2: Interacting and Keeping Conversations Going** **#3: On the Telephone** **#4: Commands and Exclamations** **#5: Celebrations and Well-wishing**
Clothing and Personal Items	FQ 1.1 L'abbigliamento *(Clothing: with "a/an/one" and "some")* FQ 1.4 La valigia e lo zaino *(Suitcase and backpack)*
Culture *(nouns)*	FQ 5.4 La cultura *(Culture)* FQ 5.5 Le feste *(Holidays)*
Describing Words *(adjectives)*	FQ 1.3 I colori *(Colors)* FQ 1.5 La mia valigia e il mio zaino *(My suitcase and backpack)* FQ 1.6 Il tuo abbigliamento *(Your clothing)* FQ 1.7 Roba nostra *(Our stuff)* FQ 2.2 Città e cittadini italiani FQ 2.3 La roba di lui e di lei *(His, her, and its stuff)* FQ 2.4 La roba di tutti *(Everybody's stuff)* FQ 2.5 Com'è la persona fisicamente? *(Describing People: Physical Characteristics)*

Theme/ Topic	Fotoquiz (FQ)/ Toolkit Card (TK)/Daily Life Italian (DLI)
Describing Words *(adjectives)* *(cont'd within)*	**FQ 2.6 Com'è la persona di carattere?** *(Describing People: Personality)* **TK 2B** **TK 2C** **TK 2F** **TK 3B**
Errands and Free Time	**FQ 4.4 Le commissioni e il tempo libero** *(Errands and Free Time, part 2)* **DLI #2: Interacting and Keeping Conversations Going** **DLI #3: On the Telephone** **DLI #4: Commands and Exclamations**
Family and Relatives	**FQ 3.1 La famiglia** *(Family)* **DLI #3: On the Telephone**
Food and Drink *(nouns)*	**FQ 2.10 Al bar** *(At the bar/cafè)* **FQ 3.2 I pasti** *(Meals)* **FQ 3.3 Al ristorante** *(At the restaurant)* **DLI #2: Interacting and Keeping Conversations Going**
Holidays and Special Events	**FQ 5.5 Le feste** *(Holidays)* **DLI #5: Celebrations and Well-wishing**
Home and Furnishings	**FQ 3.5 La casa e i mobili** *(House and furniture, part 1)* **FQ 3.6 La casa e i mobili** *(Home and furniture, second part)*
Nationalities *(nouns and adjectives)*	**FQ 5.1 Le professioni e le nazionalità** *(Professions and nationalities)*
Numbers	*Uno, due, tre—via!* *(One, two, three—go! Numbers 1-20)* *Cento di questi anni!* *(100 more birthdays? See comments on this actual page. Numbers to 100)* **Quanto costa?** *(How much is it? Numbers <u>to</u> 1,000)* **Una bella cifra** *(A pretty penny; Numbers <u>over</u> 1,000)*
People *(nouns and adjectives)*	**FQ 2.1 La gente** *(People)* **FQ 2.5 Com'è la persona fisicamente?** *(Describing People: Physical Characteristics)* **FQ 2.6 Com'è la persona di carattere?** *(Describing People: Personality)*

Theme/ Topic	Fotoquiz (FQ)/ Toolkit Card (TK)/Daily Life Italian (DLI)
Places *(nouns)*	**FQ 2.7 La piazza** *(The town square, part 1)* **FQ 2.9 La piazza** *(The town square, part 2)* **FQ 4.6 La città i dintorni** *(The city and its environs)* **FQ 4.7 La penisola italiana** *(The Italian peninsula)*
Possessives *(adjectives and pronouns)*	**FQ 1.5 La mia valigia e il mio zaino** *(My suitcase and backpack)* **FQ 1.6 Il tuo abbigliamento** *(Your clothing)* **FQ 1.7 Roba nostra** *(Our stuff)* **TK 1B** **TK 2B** **TK 2C** **FQ 2.3 La roba di lui e di lei** *(His, her, and its stuff)* **FQ 2.4 La roba di tutti** *(Everybody's stuff)*
Professions *(nouns and adjectives)*	**FQ 5.1 Le professioni e le nazionalità** *(Professions and nationalities)*
School	**FQ 4.2 A scuola e al lavoro** *(At school and at work, part 2)* **DLI #2: Interacting and Keeping Conversations Going**
Seasons and Weather *(various)*	**FQ 4.5 Le stagioni e il tempo** *(Seasons and Weather)*
Time *(various)*	**TK 3G** **TK 4B** **TK 4E** ***E ieri cosa ho fatto?*** *(And yesterday what did I do?—<u>avere</u> with passato prossimo)* ***Dove siamo andati ieri?*** *(Where did we go yesterday?—<u>essere</u> with passato prossimo)*
Travel	**FQ 5.3 Viaggiare** *(Traveling, part 2)* **DLI #2: Interacting and Keeping Conversations Going** **DLI #3: On the Telephone** **DLI #4: Commands and Exclamations**
Work	**FQ 4.2 A scuola e al lavoro** *(At school and at work, part 2)* **DLI #2: Interacting and Keeping Conversations Going** **DLI #3: On the Telephone** **DLI #4: Commands and Exclamations**

Theme/ Topic	Fotoquiz (FQ)/ Toolkit Card (TK)/Daily Life Italian (DLI)
OTHER	**TK 1A: Indefinite and definite articles; some** **TK 2C: Amounts** **TK 2D: Locations, positions, directions** *(prepositions)* **TK 3B and 3C: Prepositions** *(combined with articles)* **TK 4D: Verbal Shorthand** *(direct and indirect object pronouns)*

F O T O Q U I Z

L'abbigliamento *(Clothing: with "a/an/one" and "some")*

"some"

			"some"
una borsa (FS)	**una giacca** (FS)	**una gonna** (FS)	**delle scarpe** (FP)
una maglietta (FS)	**una felpa** (FS)	**una camicia/ una cravatta** (FS)	**delle calze** (FP)
un maglione (MS)	**un vestito** (MS)	**un cappello** (MS)	**dei pantaloni** (MP)
un cappotto(MS)/ **una sciarpa** (FS)	**un orologio** (MS)	**uno zaino** (MS)	**dei jeans** (MP)
degli stivali (MP)	**degli occhiali** (MP)	**degli orecchini** (MP)	**dei vestiti** (MP)

"some"

ACTIVITY #1

Look at the image and words in each box to see whether you understand what they are. Once you've looked at the whole page and put a check mark by the ones you're unsure of, compare your answers with a partner. Verify all of the meanings you can, working with another pair of partners if you need to. Ask for help from your instructor when you're uncertain.

ACTIVITY #2

Pronounce each word out loud with the instructor. Write your own pronunciation notes next to words or letter combinations as needed, so that you can remember how to say the word correctly.

ACTIVITY #3

You say all of the words that are masculine, then your partner says all of the words that are feminine; then switch roles.

ACTIVITY #4

Pick a word and say it; without looking at the Fotoquiz sheet, your partner says whether the word is feminine or masculine. Change roles for the next word, alternating roles until you finish the page.

ACTIVITY #5

You say the first word and then your partner says the English equivalent. Change roles for the next word, alternating roles until you finish the page. Ask for help when uncertain.

FOTOQUIZ 1.1 JUMBLE

L'abbigliamento *(Clothing: with "the")*

plural

la borsa (FS)	la giacca (FS)	la gonna (FS)	le scarpe (FP)
la maglietta (FS)	la felpa (FS)	la camicia/ la cravatta (FS)	le calze (FP)
il maglione (MS)	il vestito (MS)	il cappello (MS)	i pantaloni (MP)
il cappotto (MS)	l'orologio (MS)	lo zaino (MS)	i jeans (MP)
gli stivali (MP)	gli occhiali (MP)	gli orecchini (MP)	i vestiti (MP)

plural

A, B, C, D	E, F, G, H	I, L, M, N	O, P, Q, R
(0, 1, 2, 3, 4)	(5, 6, 7, 8)	(9, 10, 11, 12)	(13, 14, 15, 16)
S, T, U, V, Z	C, D, E, F	G, H, I, L	M, N, O, P
(17, 18, 19, 20)	(4, 3, 2, 1)	(8, 7, 6, 5)	(12, 11, 10, 9)
Q, R, S, T	U, V, Z, A	A, E, I, O, U	E, D, C, B, A
(16, 15, 14, 13)	(20, 19, 18, 17)	(1, 11, 2, 12)	(3, 13, 4, 14)
F, G, H, I, L	Q, P, O, N, M	Z, V, U, T, S, R	J, K, W, X, Y
(5, 15, 6, 16)	(7, 17, 8, 18)	(9, 19, 0, 10)	(20, 10, 0, 15)
U, O, I, E, A	A-E, O-I, O-U	U-O, E-A, I-A	O-I, O-A, E-A, E-I
(2, 4, 6, 8, 10)	(1, 3, 5, 7, 9)	(3, 6, 9, 12, 15)	(5, 10, 15, 20, 0)

PARTNER ACTIVITY #1

Pronounce each word; your partner says whether it's **masculine or feminine**. Change roles for the next word. Alternate roles until you finish the page.

PARTNER ACTIVITY #2

Using only the SINGULAR words, you say the word, then your partner says it with *a/ an/ one (ex: la borsa>una borsa)*. Change roles for the next word. Alternate roles until you finish the page. Ask for help when uncertain.

PARTNER ACTIVITY #3

You say each term and your partner gives the plural: *the _____s* (ex: *la borsa> le borse*) and then you partner says the **plural with** *some*. Alternate roles until you finish the page. Ask for help when uncertain.

PARTNER ACTIVITY #4

You say each term in the plural, and your partner gives it with "*some _____s*" (ex: *le borse> delle borse*). Alternate roles until you finish the page. Ask for help from your instructor when you're uncertain.

I colori (*Colors*)

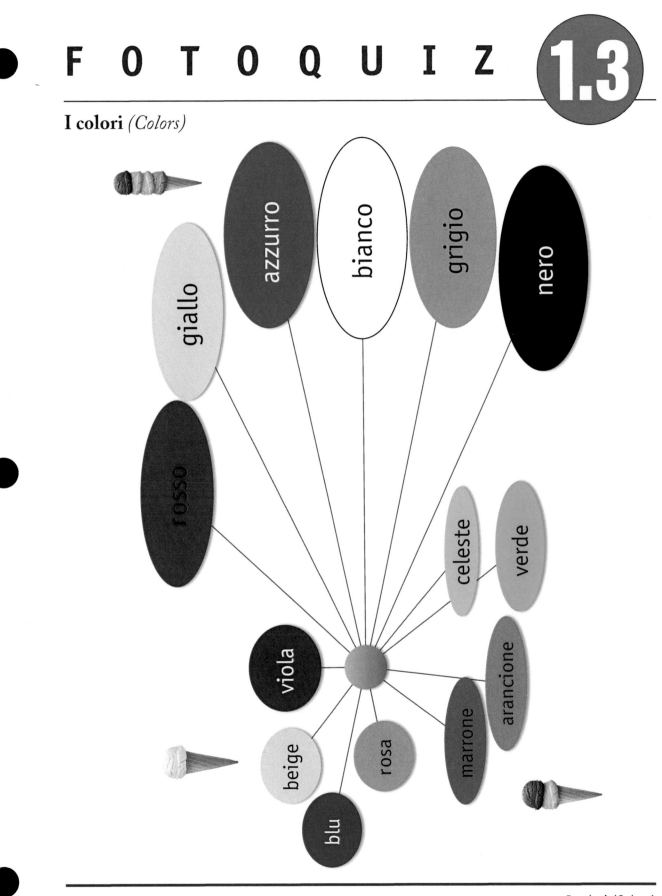

PARTNER ACTIVITY #1

Fill out the table below, then compare your answers with your partner.

it is = è è una borsa rossa		they are = sono sono i jeans rossi		
	azzurro	**rosso**	**bianco**	**grigio**
una borsa	azzurra	rossa	bianca	grigia
un vestito				
lo zaino				
i pantaloni				
una felpa				
la giacca				
le scarpe				

PARTNER ACTIVITY #2

Place FQ 1.1 to the left of FQ 1.3. Say the name of the first thing and add the correct `flavor' of *rosso* after it (ex: *una borsa rossa*) . Then your partner gives the English. Change roles and continue to the right along the color wheel...

PARTNER ACTIVITY #3

Place FQ 1.2 to the left of FQ 1.3. You say the term with the correct `flavor' of *rosso*, and then your partner gives the plural (ex: *la borsa rossa > le borse rosse*). Then your partner says the next thing with the next color (ex: *una giacca gialla*). Change roles and continue until the FQ is completed.

PARTNER ACTIVITY #4

Still using FQ 1.2 with FQ 1.3, you give the plural of the term with a color word, and your partner gives it with "some," and then says it in English (ex: *le borse rosse> delle borse rosse> some red purses*). Change roles and continue along the FQ and color wheel until the FQ is completed.

REMEMBER:

A. The <u>name</u> of a color is a NOUN. The noun is <u>singular and masculine</u> in Italian, so you will need to use the correct form of "the" to talk about the color blue, the color green, etc. For example:
I like red. = *Mi piace <u>il</u> rosso.*   I don't like blue. = *Non mi piace <u>l'</u>azzurro.*

B. When you want to <u>describe the color of something</u>, on the other hand, the word for the color needs to take on a new job—that of a describing word or ADJECTIVE. This means in Italian that it almost always needs to change its ending so that it will "match" the form of the thing it's describing; so now you need to identify which "flavor" of the word you should use. For example: If a house—*la casa*, which is feminine singular—is being described as "yellow," then the word for yellow needs to change to its feminine singular form: *gialla*.
I see the yellow house. = *Vedo la casa gialla.*

La valigia e lo zaino *(Suitcase and backpack)*

la valigia (FS)	la carta di credito (FS)	l'agenda (FS)	la mappa (FS)
la macchina fotografica (FS)	la matita (FS)	la penna (FS)	le guide turistiche (FP)
il libro (MS)	il quaderno (MS)	il profumo (MS)	le medicine (FP)
il passaporto (MS)	il telefonino/ il cellulare (MS)	il trucco (MS)	i soldi (MP)
il pettine (MS)	lo zaino (MS)	lo spazzolino da denti (MS)	i fazzolettini (MP)

(19, 18, 17, 16)	(15, 14, 13, 12)	(11, 10, 9, 8)	(7, 6, 5, 4)
azzurra	è - c'è	rossa	bianca
3, 2, 1, 0, 20	*co – ca - cu*	*chi – che – ci - ce*	*cio – cia - ciu*
gialla	sono – ci sono	grigia	nera
ce – ci	*go – ga - gu*	*ghi-ghe – gi - ge*	*gio – gia – giu*
azzurro	rosse	marrone	bianco
ge - gi	*sciu – scia - scio*	*sci - sce*	*sco – sca – scu*
è – c'è	verdi	blu	rosa
schi- sche	*A – E – I – O - U*	*erre - gn - gli*	*esse – ps - erre*
giallo	bianco e celeste	rosso	sono – ci sono

PARTNER ACTIVITY #1

Pronounce each word and say whether it's **masculine or feminine**. Then your partner says it with correct form of *a/ an/ one* (ex: *il libro>un libro*). Change roles for the next word. Alternate roles until you finish the page. Ask for help when uncertain.

PARTNER ACTIVITY #2

You say each term with the plural, and your partner says it with "*some*" (ex: *i libri > dei libri*). Alternate roles until you finish the page. Ask for help when uncertain.

PARTNER ACTIVITY #3

Place FQ 1.3 to the right of this FQ. Say the **name of the item + the correct form of a color word**. Change roles for the next word. Alternate roles until finished, then return to the top of the page and do the same with plurals instead of singulars (ex: *la valigia rossa > le valigie rosse*) Ask for help when you're uncertain.

La mia valigia e il mio zaino *(My suitcase and backpack)*

la mia valigia *la mia* (FS)	**la mia carta di credito** *la mia* (FS)	**la mia agenda** *la mia* (FS)	**la mia mappa** *la mia* (FS)
la mia macchina fotografica *la mia* (FS)	**la mia matita** *la mia* (FS)	**la mia penna** *la mia* (FS)	**le mie guide turistiche** *le mie* (FP)
il mio libro *il mio* (MS)	**il mio quaderno** *il mio* (MS)	**il mio profumo** *il mio* (MS)	**le mie medicine** *le mie* (FP)
il mio passaporto *il mio* (MS)	**il mio telefonino/il mio cellulare** *il mio* (MS)	**il mio trucco** *il mio* (MS)	**i miei soldi** *i miei* (MP)
il mio pettine *il mio* (MS)	**il mio zaino** *il mio* (MS)	**il mio spazzolino da denti** *il mio* (MS)	**i miei fazzolettini** *i miei* (MP)

PARTNER ACTIVITY #1

You give the package deal in the plural, and then your partner gives it in English (ex: *i miei zaini> my backpacks*). Switch and alternate roles with your partner until the page is completed. Ask for help when uncertain.

PARTNER ACTIVITY #2

You give the package deal in the plural, and then your partner gives it using "*some*" (ex: *i miei zaini> dei miei zaini*).

PARTNER ACTIVITY #3

Say each "package deal" of words using "*a*" and your partner gives the meaning in English (ex: *un mio zaino > a backpack of mine*).

B, D, F, H	K, M, O, Q	S, U, Z, J	A, C, E, G
i miei 3	le mie 5	i miei 13	i miei 15
I, L, N, P	R, T, V, Y	W, X, K	ci, gi, ge, ce
tutti i miei	le mie 18	molte mie	le mie 20
chi, ghi, ghe, che	B, T, D, P	E, F, L, M	N, R, S, E
le mie 4	i miei 8	i miei 17	i miei 2
(11, 13, 15, 17, 19)	(12, 14, 16, 18, 20)	(0, 2, 4, 6, 8)	(1, 3, 5, 7, 9)
non sono...	è ....?	sono ...?	non è ...

Il tuo abbigliamento *(Your clothing)*

la tua borsa *la tua* (FS)	**la tua giacca** *la tua* (FS)	**la tua gonna** *la tua* (FS)	**le tue scarpe** *le tue* (FP)
la tua maglietta *la tua* (FS)	**la tua felpa** *la tua* (FS)	**la tua camicia e la tua cravatta** *la tua* (FS)	**le tue calze** *le tue* (FP)
il tuo maglione *il tuo* (MS)	**il tuo vestito** *il tuo* (MS)	**il tuo cappello** *il tuo* (MS)	**i tuoi pantaloni** *i tuoi* (MP)
il tuo cappotto *il tuo* (MS)	**il tuo orologio** *il tuo* (MS)	**il tuo zaino** *il tuo* (MS)	**i tuoi jeans** *i tuoi* (MP)
i tuoi stivali *i tuoi* (MP)	**i tuoi occhiali** *i tuoi* (MP)	**i tuoi orecchini** *i tuoi* (MP)	**i tuoi vestiti** *i tuoi* (MP)

PARTNER ACTIVITY #1

You give the package deal in the plural, and then your partner gives it in English (ex: *i tuoi cappotti> your coats*). Switch and alternate roles with your partner until the page is completed. Ask for help when uncertain.

PARTNER ACTIVITY #2

You give the package deal in the plural, and then your partner gives it using "*some*" (ex: *i tuoi zaini> dei tuoi zaini*).

PARTNER ACTIVITY #3

Say each "package deal" of words using "*a*" and your partner gives the meaning in English (ex: *un tuo zaino > a backpack of yours*).

è ....?	*non sono...*	*ecco*	*c'è*
gray/ tu chiudi	blue/ io vedo	orange/ io apro	yellow/ tu prendi
sono ...?	*non è ...*	*ci sono*	*è ....?*
red/io metto	green/ tu apri	white/ io chiudo	black/ tu vedi
è ....?	*ecco*	*non è...*	*dov'è....?*
brown/tu trovi	purple/ tu metti	pink/ io cerco	sky blue/tu porti
non sono...	*dov'è....?*	*dove sono ....?*	*ecco*
grey/tu cerchi	yellow/ tu vedi	orange/io porto	green/ io prendo

F O T O Q U I Z 1.7

Roba nostra *(Our stuff)*

la nostra borsa *la nostra* (FS)	la nostra giacca *la nostra* (FS)	la nostra mappa *la nostra* (FS)	le nostre scarpe *le nostre* (FP)
la nostra macchina foto- grafica *la nostra* (FS)	la nostra felpa *la nostra* (FS)	la nostra agenda *la nostra* (FS)	le nostre medicine *le nostre* (FP)
il nostro maglione *il nostro* (MS)	il nostro vestito *il nostro* (MS)	il nostro pettine *il nostro* (MS)	i nostri pantaloni *i nostri* (MP)
il nostro trucco *il nostro* (MS)	il nostro orologio *il nostro* (MS)	il nostro zaino *il nostro* (MS)	i nostri jeans *i nostri* (MP)
i nostri soldi *i nostri* (MP)	i nostri occhiali *i nostri* (MP)	i nostri fazzolettini *i nostri* (MP)	i nostri vestiti *i nostri* (MP)

io ho	noi abbiamo	tu hai	noi abbiamo
my (black)	our (gray)	your (pink)	our (purple)
tu hai	io ho	noi abbiamo	tu hai
your (white)	my (beige)	our (yellow)	your (green)
noi chiudiamo	noi prendiamo	noi cerchiamo	noi apriamo
my (blue)	your (red)	my (orange)	our (sky blue)
noi abbiamo	tu hai	io ho	noi portiamo
your (brown)	my (purple)	our (white)	my (orange)
noi mettiamo	io non ho	tu non hai	noi vediamo
my (pink)	your (red)	our (yellow)	your (gray)

PARTNER ACTIVITY #1

Alternate saying the "our" packages on the first page, with your **partner giving the English equivalent** until you complete the page.

PARTNER ACTIVITY #2

A) You say the "our" package deal and your partner changes it to "my." Alternate roles until page is completed.
B) You say the "our" package deal and your partner changes it to "your." Alternate roles until page is completed.

PARTNER ACTIVITY #3

A) Using the jumble, alternate saying with your partner who the various items belong to in Italian (ex: *my pantaloni > i miei pantaloni*) until you complete the page. B) Using the phrases above the image, create a sentence telling what's done with the items owned (ex: *io ho i miei pantaloni*), and your partner gives the English. Switch roles and alternate until finished; ask for help as needed. C) Repeat as in B, now adding the color word given, with your partnering saying it afterwards in the negative (ex: *io ho i miei pantaloni neri> io non ho i miei pantaloni neri*).

Azioni! *(Action!)*

- When an Italian verb (action word) **ends in** *–re*, it means it's in its dictionary form--"TO go," "TO eat"—called the **infinitive**
- When the last 3 letters are removed (i.e., *-are, -ere, -ire*) and it **ends in other letters**, it means that now it is telling **WHO** is doing the action that the verb communicates
- Here's a "100% rule" for quickly understanding who's doing the action:
  - ends in **–o** means **I** am doing it. Ex: **vedO** = *I see*
  - ends in **–i** means **YOU** are doing it. Ex: **vedI** = *YOU see*
  - ends in **–iamo** means **WE** are doing it. Ex: **vedIAMO** = *WE see*

who?	ending to show who
I (**io**)	*-o*
you (familiar; **tu**)	*-i*
we (**noi**)	*-iamo*

Remove the last 3 letters, **then add** the correct 100%– rule letter or letters to show who is doing the action!

vedere (io/ noi)	prendere (tu/ noi)	portare (noi/ io)	mettere (tu/ io)
aprire (io e tu/ tu)	chiudere (io/ io e Carlo)	cercare (tu e noi/ io)	trovare (io e Anna/ tu)

Other essential verbs:

io ho = I have   tu hai = you have   noi abbiamo = we have

è = it is   sono = they are

c'è (from ci è) = there is   ci sono = there are

tu	io	noi	io
la carta di credito	lo zaino verde	gli stivali	le mie 3 valigie
noi	**tu**	**io**	**noi**
11 libri	il tuo profumo	20 mappe	delle guide turistiche
io	*noi*	*tu*	*noi*
i miei soldi	la giacca grigia	degli orecchini	il tuo quaderno
tu	*noi*	*io*	*tu*
l'agenda	una felpa rosa	la tua borsa	l'orologio nello zaino

PARTNER ACTIVITY #1

Using the subject given <u>above</u> the first image, change the verb given to show who is doing the action; your partner gives the English equivalent. Change roles and alternate until the page is completed; ask for help as needed.

PARTNER ACTIVITY #2

You read the phrase <u>under</u> the first image; your partner gives the English equivalent. Change roles and alternate until the page is completed; ask for help as needed.

PARTNER ACTIVITY #3

You create a sentence using the verb and the phrase; your partner gives the English equivalent. Change roles and alternate until the page is completed; ask for help as needed. Example: *Tu metti la carta di credito nel bancomat > You put in the credit card in the ATM.*

F O T O Q U I Z 2.1

La gente *(People)*

una donna	una signora	una ragazza	una bambina
una professoressa	una studentessa	un'amica	una cameriera
un'italiana	un'americana	un italiano	un americano
un uomo	un signore	un ragazzo	un bambino
un professore	uno studente	un amico	un cameriere

(20, 18, 16, 14)	(12, 10, 8, 6)	(4, 2, 0, 1, 3)	(5, 7, 9, 11)
ecco	c'è	ci sono	io vedo
(13, 15, 17, 19)	(A- B- C- D)	(E- F- G- H)	(I- L- M- N)
chi è?	come si dice?	ecco	noi portiamo
(O- P- Q- R)	(S- T- U- V- Z)	(CI- GI- CIO- GIO)	(CE- CHE- GE- GHE)
tu cerchi	noi vediamo	c'è	ecco
(CA- CO- CU)	(CIA- CIO- CIU)	(GA- GO- GU)	(GIA- GIO- GIU)
c'è	tu prendi	come si scrive?	ci sono
(SCI- SCE- SCIA)	(SCHI- SCHE- SCA)	(U- O- I- E- A)	(A- E- I- O- U)
ecco	io cerco	noi vediamo	come si pronuncia?

PARTNER ACTIVITY #1

Pronounce each word, then your partner says it with the word *the* (ex: *una donna > la donna*). Change roles for the next word and alternate roles until finished. Ask for help as needed.

PARTNER ACTIVITY #2

Say each word using the **correct form of "my,"** then your partner says it using **"your"** (ex: *la mia donna > la tua donna*). Change roles and alternate until finished. Ask for help when you're uncertain.

PARTNER ACTIVITY #3

You say the <u>plural</u> word using **"the,"** then your partner says it using **"some"** (ex: *le donne> delle donne*). Change roles and alternate until finished. Ask for help when you're uncertain.

Delle città italiane

Italians think of themselves first and foremost as members of a family, then as members of their local community, such as their *paese* (village) or *città (*town, city*)*. In fact, when you ask an Italian "*Di dove è Lei*?" (where are you from), they will answer using the adjective for their hometown: "*Sono fiorentino*" (I'm a Florentine).

Below is a list of 10 important Italian cities. Say each name with a partner. Then, find the English equivalent on the map. Write the number of the Italian name next to its English counterpart on the map. Compare answers with another group.

1. Venezia
2. Roma
3. Firenze
4. Milano
5. Torino
6. Napoli
7. Genova
8. Perugia
9. Palermo
10. Cagliari

la città	FS	FP	MS	MP
Venezia veneziano				
Roma romano				
Firenze fiorentino				
Milano milanese				
Torino torinese				
Napoli napolitano				
Genova genovese				
Perugia perugino				
Palermo palermitano				
Cagliari cagliaritano				

Fotoquiz 2.2

F O T O Q U I Z 2.3

La roba di lui e di lei *(His and her stuff)*

His/her/its → base words are "the" + suo and they follow the same pattern as "the" + tuo—just remove the t and use an s instead!

la sua valigia *la sua* (FS)	**la sua carta di credito** *la sua* (FS)	**la sua agenda** *la sua* (FS)	**la sua mappa** *la sua* (FS)
la sua macchina fotografica *la sua* (FS)	**la sua matita** *la sua* (FS)	**la sua penna** *la sua* (FS)	**le sue guide turistiche** *le sue* (FP)
il suo libro *il suo* (MS)	**il suo quaderno** *il suo* (MS)	**il suo profumo** *il suo* (MS)	**le sue medicine** *le sue* (FP)
il suo passaporto *il suo* (MS)	**il suo telefonino/ il suo cellulare** *il suo* (MS)	**il suo trucco** *il suo* (MS)	**i suoi soldi** *i suoi* (MP)
il suo pettine *il suo* (MS)	**il suo zaino** *il suo* (MS)	**il suo spazzolino da denti** *il suo* (MS)	**i suoi fazzolettini** *i suoi* (MP)

ecco	c'è	io ho	ci sono
his (10)	our (5)	your (15)	her (20)
tu hai	noi abbiamo	ecco	io metto
your (11)	our (7)	her (2)	your (17)
io ho	tu cerchi	noi troviamo	io vedo
his (13)	my (6)	our (4)	her (18)
tu metti	noi prendiamo	tu porti	sono
your (12)	his (15)	my (3)	her (19)
ci sono	tu vedi	ci sono	ecco
his (14)	your (9)	her (8)	your (16)

PARTNER ACTIVITY #1

You say the "his/her/its" package and your partner gives it in the plural; alternate roles until the page is completed.

PARTNER ACTIVITY #2

You say the "his/her" package and your **partner changes it to my, your, or our; you give the English equivalent**. Alternate roles until page is completed.

PARTNER ACTIVITY #3

Alternate with your partner saying who the various items belong to in Italian, until the page is completed. Then, beginning at the bottom, create a sentence using the verb with the item; your partner gives the English. Alternate until the page is completed.

La roba di tutti *(Everybody's stuff)*

THEIR STUFF: A VERY UNUSUAL SITUATION

So what happens when *lui* and *lei* get together and you need to talk about <u>their</u> stuff? The solution is wonderfully simple—you just use "their"—*loro* in Italian—with the article that matches the item possessed:

> la loro (FS)   le loro (FP)
> il loro (MS)   i loro (MP)

Let's practice using the "plain vanilla flavor" of THEIR:

i loro pantaloni *i loro (MP)*	la loro giacca *la loro (FS)*	il loro maglione *il loro (MS)*	le loro scarpe *le loro (FP)*

Their → base words are "the" + loro, and loro NEVER changes!

YOUR HAT, SIR! YOUR PURSE, MA'AM!

This same pattern that is used for "his/her" is also used for the FORMAL form of "your."

You use this form when you are showing courtesy to someone you don't know, someone who is older/ more socially prominent than you, or whom you want to demonstrate verbally your respect.

The way the Italian language shows respect is to use the "distancing" he/she form instead of the "too close" *you my friend* form – so it sounds like you're talking ABOUT the person when you're actually talking TO them.

This formal distance is signaled by the subject pronoun *Lei* (not *tu*)—and you use it whether the person is male or female!

When you're reading Italian, you will always know that the formal is being used because the related words—like *Lei, il Suo, la Sua*, etc.—are always capitalized!

So here are the 4 flavors of "your" which you will use with that important *Lei* you're talking to:

la Sua (FS)   le Sue (FP)
il Suo (MS)   i Suoi (MP)

ACTIVITY #1

Write the English equivalent of the following, and then compare your answers with a partner:

• È il Suo cappello, signore?

_____

• È la Sua borsa, signora?

_____

• Sono i Suoi libri, dottoressa?

_____

• Sono le Sue medicine, dottore?

_____

PARTNER ACTIVITY #2

Working with a partner, complete the following "jumble" using the formal form of "your," using the same format as the examples.

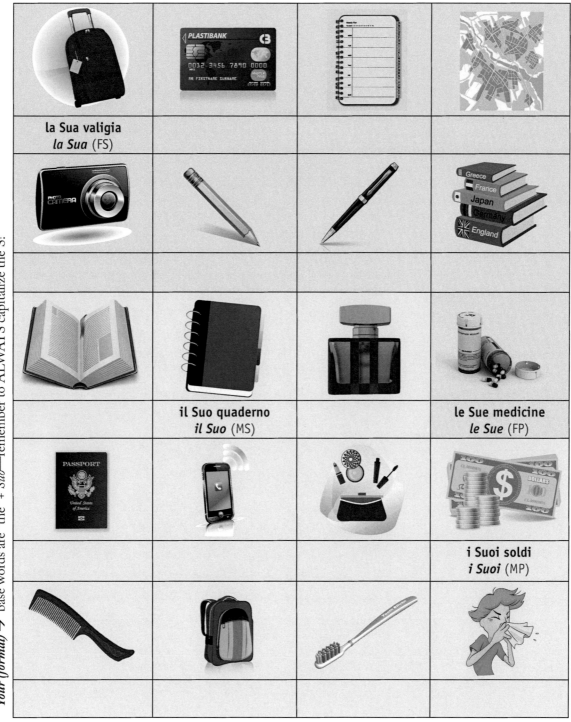

Your (formal) → base words are "the" + *Suo*—remember to ALWAYS capitalize the S!

la Sua valigia *la Sua* (FS)			
	il Suo quaderno *il Suo* (MS)		**le Sue medicine** *le Sue* (FP)
			i Suoi soldi *i Suoi* (MP)

La roba di tutti (Everybody's stuff)

PARTNER ACTIVITY #3

How would you translate into *italiano* **the following sentences** *in inglese*?

There's your suitcase, sir!_____

Here's your comb, ma'am. _____

I see your books, lady!_____

I see your pens, sir. _____

PARTNER ACTIVITY #4

How would you translate the following from *italiano* **into** *inglese*?

Q: Di chi è il libro? È il Suo, dottoressa?

_____

A: Sì, è il mio libro. È il mio.

_____

Q: Mamma, di chi sono le calze? Sono le tue calze?

_____

A: No, non sono le mie calze. Sono di Marco—sono le sue.

_____

PARTNER ACTIVITY #5

Based on the models below, work with your partner to create 3 questions of each type and write them in the appropriate column below. Then share your questions with another pair and discuss the results.

Di chi è? (talking about 1 thing)	**Di chi sono?** (talking about more than 1 thing)
1.	1.
2.	2.
3.	3.

OUR STUFF/ YOUR STUFF: WE'RE A BIG GROUP NOW!

The base words for YOUR plural—that is, signaling that it belongs to YOU GUYS, YOU ALL, YOU PEOPLE-- it is "*il vostro*," which is related to "*voi*" (you guys, you all). Here are the four flavors of *il vostro*:

> **la vostra (FS)   le vostre (FP)**
>
> **il vostro (MS)   i vostri (MP)**

Notice that *vostro* closely resembles the word for "our"—*nostro*—which is related to *noi* ("we"), just like *vostro* is related to voi ("you, pl."): so just swap the *n* for *v* and you've gone from "our" to "your (pl.)"!

Your (plural) → base words are "the" + vostro and they follow the same pattern as *nostro*—just remove the *n* and use *v* instead!

la vostra borsa
la vostra (FS)

le vostre scarpe
le vostre (FP)

il vostro maglione
il vostro (MS)

i vostri vestiti
i vostri (MP)

La roba di tutti (Everybody's stuff)

my	our	her	their
your (voi)	my	your (tu)	his
your and my	your (Lei)	the professor's	Maria's
your (tu)	my	our	her
their	my girlfriend's	our	your (voi)

PARTNER ACTIVITY #1

You say the "package deal" for "*Your (Lei)*" and your partner gives it for "*Your (voi).*" Alternate until page is completed; ask for help as needed.

PARTNER ACTIVITY #2

You say the "package deal" for "*his/her/its*" and your partner gives it for "*their.*" Alternate until page is completed; ask for help as needed.

ecco	c'è	io ho	ci sono
my	the man's (= _____)	your (voi)	their
tu hai	*noi abbiamo*	*ecco*	*io metto*
her	his	our	Nino's and Anna's (= ____)
io ho	*tu cerchi*	*noi troviamo*	*io vedo*
your and Ada's (= ____)	the girls' (= _____)	the prof's (=_____)	your, Dr. Ito, (= _____)
tu metti	*noi prendiamo*	*tu porti*	*sono*
his and their (= ____)	my and his (= _____)	her and his (= _____)	your and their (= _____)
ci sono	*tu vedi*	*ci sono*	*ecco*
my and their (= ____)	the Italian's	your (voi)	the American's

PARTNER ACTIVITY #3

You say the "package deal" for "our" and your partner gives it for "*Your (voi)*." Alternate until page is completed; ask for help as needed.

PARTNER ACTIVITY #4

Working with a partner, decides what the ENGLISH possessive would be for the terms followed by (= _____) and write them in the line provided. Then alternate saying the appropriate phrase in Italian (ex: *the man's= his jacket> la sua giacca*) until the page is completed.

SUMMARY: ABOUT POSSESSIVES IN ITALIAN

1: "Your" changes according to who you're talking to

your (tu):	*il tuo*	*la tua*	*i tuoi*	*le tue*
your (Lei):	*il Suo*	*la Sua*	*i Suoi*	*le Sue*
your (voi):	*il vostro*	*la vostra/i vostri*		*le vostre*

BUT

2: "Their" is never changing—it is ALWAYS *loro*!

3: REMEMBER: Patterns are your friends in Italian!

- "his/her/its" (*"the" suo*= base words) act just like "your" (*"the" tuo*=base words)—just use an *s* instead of a *t*!
- "your, sir/ ma'am" is the same as "his/her"—except you use a capital S to show that it's the respectful/ formal form of "yours"
- "your (*voi*)" (*"the" vostro*=base words) act just like "our" (*"the" nostro*)—except you use a *v* instead of a *n*!

4: VERBAL SHORTHAND: Possessives as adjectives and as pronouns.

Adjectives are always accompanied by a noun—in this case, the thing that is possessed. In Italian, the adjective and noun appear as a "package deal"—that is, *a/an/one* or the + possessive + noun which all "match" or agree with the noun. For example: my book = *il mio libro.* So it's easy to tell in Italian when a possessive is functioning as an adjective—just look for the matching noun after it!

When communicating, once you've identified the thing that's being possessed you can begin to use verbal shorthand—in this case, a **pronoun**, which takes the place of the noun already mentioned. In English, when a possessive functions as a pronoun instead of an adjective it changes its form to signal its new job:

my → mine   your → yours   his/her → his/hers   our → ours   their → theirs

Examples: Is this my <u>book</u>? Is this mine? Where's your <u>purse</u>? Where's yours?

In Italian the solution is much easier than English's—just remove the noun and *ecco!*—you have the correct pronoun!

Examples: È il mio libro? È il mio? Dov'è la tua borsa? Dov'è la tua?

as adjective: nostro (our)	as pronoun: nostro (ours)
il nostro amico	il nostro
i nostri amici	i nostri
la nostra amica	la nostra
le nostre amiche	le nostre

2.5

Com'è la persona fisicamente?
(Describing People's Appearance)

"Package deals" → Reminder: In Italian *article* + *noun* + *adjective* must agree in gender (M or F) and number (sing. or pl.). If the base form of the adjective ends in –o, it will have 4 flavors (MS, MP, FS, FP); if it ends in –e it will have only 2 (S, P).

la bocca	grande/ piccolo	la barba	corto/ lungo
la persona	alto/ basso	grasso/ magro	vecchio/ giovane
il naso	largo/ stretto	i baffi	gli occhiali
i capelli	castano/ biondo	riccio/ liscio	calvo
gli occhi	chiaro/ scuro	bello/ brutto	*io sono tu sei* *io ho tu hai* *io porto tu porti* verbi utili

io ho	tu hai	noi abbiamo	la signora ha
azzurro	lungo	corto	piccolo
tu porti	*la professoressa ha*	*tu hai*	*io porto*
giallo	brutto	verde	corto
noi abbiamo	*io ho*	*l'uomo ha*	*noi abbiamo*
lungo	riccio	bello	nero
tu hai	*tu sei*	*tu hai i capelli*	*noi abbiamo gli occhi*
blonde hair	old	short	dark
noi siamo	*lo studente è*	*io sono*	*il bambino è*
tall	big	bald	short

PARTNER ACTIVITY #1

Say the term using the first adjective in the correct flavor, then your partner says it with the next adjective *(ex: la bocca grande, la bocca piccola)*. Change roles and alternate roles until finished. Ask for help as needed.

PARTNER ACTIVITY #2

Say each word using the **correct form of "my" and the first adjective, then your partner says it using "your (tu)" and the same adjective** (ex: *la mia bocca grande > la tua bocca grande*). Change roles and alternate until finished.

PARTNER ACTIVITY #3

You say **Mi piace** _____ (I like *singular thing + adjective*) and your partner says **Mi piacciono** _____ (I like *the plural things + adjective*). Change roles and alternate until page is completed; ask for help as needed.

F O T O Q U I Z 2.6

Com'è la persona di carattere?
(Describing People's Personality)

DEI CONTRARI—MASCHILE

	MS	MP		MS	MP
1. buono			7. brutto		
2. bravo			8. cattivo		
3. simpatico			9. antipatico		
4. buffo			10. serio		
5. generoso			11. avaro		
6. sportivo			12. pigro		

13. rilassato			21. stressato		
14. tranquillo			22. nervoso		
15. estroverso			23. timido		
16. energico			24. stanco		
17. allegro			25. triste		
18. interessante			26. noioso		
19. elegante			27. disordinato		
20. ottimista			28. pessimista		

DEI CONTRARI—FEMMINILE

	FS	FP			FS	FP
1. buono			8. brutto			
2. bravo			9. cattivo			
3. simpatico			10. antipatico			
4. buffo			11. serio			
5. generoso			12. avaro			
6. sportivo			13. pigro			
7. rilassato			14. stressato			

Com'è la persona di carattere? (Describing People's Personality)

15. tranquillo			22. nervoso		
16. estroverso			23. timido		
17. energico			24. stanco		
18. allegro			25. triste		
19. interessante			26. noioso		
20. elegante			27. disordinato		
21. ottimista			28. pessimista		

PARTNER ACTIVITY #1

You say the term in Italian, and your partner gives its meaning in English. Alternate until you complete all 28 terms; ask for help as needed.

PARTNER ACTIVITY #2

You say the term in Italian, and your partner gives its opposite in Italian. Alternate until you complete all 28 terms; ask for help as needed.

PARTNER ACTIVITY #3

Place FQ 2.1 (La gente) next to the first page of this one (FQ 2.6). Going down the columns and using "*one*", join the term from the People sheet with the adjective from the Personality sheet; then your partner gives the plural (ex: *una donna + buona = una donna buona; due donne buone*)

PARTNER ACTIVITY #4

Do the same as in Activity #1, but use "*this*" (**questo** or **questa**) instead of "*one*."

PARTNER ACTIVITY #5

Do the same as in Activity #2, but use "*these*" (**questi** or **queste**) instead of "*this*."

PARTNER ACTIVITY #1:

Using the first number under the image, find the corresponding describing word and use the correct 'flavor' to go with the image to create a "package deal"—example: *una signora simpatica* (#3). Your partner gives the equivalent in English. Change roles and alternate until the page is completed; ask for help as needed.

PARTNER ACTIVITY #2:

Using the first number under the image, find the corresponding describing word and use the correct 'flavor' to go with the image to create a "package deal"—example: *la signora simpatica* (#3). Your partner gives the **"package deal" in the plural**; you give the equivalent in English. Change roles and alternate until the page is completed; ask for help as needed.

PARTNER ACTIVITY #3:

You create a complete sentence by combing the phrase in the top box + the person + the adjective indicated by the number-- example: *Ecco una signora simpatica* (#3) . Your partner gives the equivalent in English. Change roles and alternate until the page is completed; ask for help as needed.

ecco	c'è	ci sono	io vedo
3	6	1, 17	20, 11
tu vedi	*tu trovi*	*noi vediamo*	*io sono*
12, 16	28, 8	2, 14	9, bello
tu sei	*noi vediamo*	*tu cerchi*	*io cerco*
5	27, 15	4, 23	13, 19
c'è	*ecco*	*io trovo*	*ci sono*
7, bello	10	26, 22	28, 24
noi cerchiamo	*tu sei*	*lui è*	*io sono*
25, 6	2, 18	19, 4	11, 20

La piazza
(The town square, part 1)

la pizzeria	la trattoria	la gelateria	la farmacia
la cartoleria	la libreria	la chiesa	la pensione
la statua	la panchina	la strada	la fontana
la macchina	la banca	la discoteca	l'edicola
alla destra/ alla sinistra	accanto a	davanti a/ dietro a	all'angolo

PARTNER ACTIVITY #1

You **say the term, your partner gives with "a".** Change roles, alternate until finished, ask for assistance as needed.

PARTNER ACTIVITY #2

You say the term in the plural ("*the ____s*"); your partner gives it with "*some _____s.*" Change roles and alternate until finishing the page; ask for help as needed.

PARTNER ACTIVITY #3

You say the term using *questa* or *quest'* ("this"), your partner translates it into English and then gives the same term using *quella* or *quell'* ("that"). You translate and then say the next term using "this." Continue alternating using "this" and "that" until page is completed.

PARTNER ACTIVITY #4

You say the term in English, saying, for example, "*these banks,*" and your partner says the phrase in Italian (**queste banche**). Change roles and alternate until finishing the page; ask for help as needed.

PARTNER ACTIVITY #5

Same as above, but adding an appropriate adjective (ex: *queste statue grandi*).

REMINDER: The feminine forms of this/these and that/ those in Italian are:

this	there	that	those
questa	queste	quella	quelle
quest' (before vowels only)	queste	quell' (before vowels only)	quelle

(20, 21, 22, 23)	(24, 25, 26, 27)	(28, 29, 30, 31)	(32, 33, 34, 35)
dove sono?	your (tu)/ bello	come si dice?	dov'è....?
(36, 37, 38, 39)	(40, 41, 42, 43)	(44, 45, 46, 47)	(48, 49, 50, 51)
his/ grande	my/ vecchio	your (Lei)	their
(52, 53, 54, 55)	(56, 57, 58, 59)	(60, 61, 62, 63)	(64, 65, 66, 67)
their/ piccolo	your (voi)	our/ lungo	her/ brutto
(68, 69, 70, 0)	(10, 20, 30, 40)	(50, 60, 65, 45)	(25, 15, 31, 41)
vedere (io)	portare (noi)	mettere (tu)	chiudere (tu)
(51, 61, 21, 28)	(38, 48, 58, 68)	(63, 53, 43, 33)	(14, 34, 54, 66)
aprire (noi)	dove vedIAMO?	trovare (io)	cercare (noi)

PARTNER ACTIVITY:

Dov'è......? Dove siamo? You and your partner take turns reading the phrases out loud. When you've completed the page, compare notes to determine what you think the underlined words mean. Write the words and their equivalent in English in the margin of the page.

la pizza è <u>davanti</u>	i soldi sono <u>sotto</u>	gli amici sono <u>accanto</u>	lo studente è <u>sotto</u>
la bambina è <u>dentro</u>	i libri sono <u>dentro</u>	il campanile è <u>alla destra</u>	la pensione è <u>lontano</u>
i libri sono <u>sopra</u>	la panchina è <u>fuori</u>	la strada è al <u>centro</u>	la fontana è <u>sul muro</u>
la Coca è <u>alla sinistra</u>	la banca è <u>davanti</u>	la gente è <u>dentro</u>	la ragazza è <u>vicino</u>
il professore è <u>davanti</u>	il palazzo è <u>accanto</u>	lo specchio è <u>dietro</u>	il bar è <u>all'angolo</u>

F O T O Q U I Z

2.8

Azioni! *(Action!)*

You recall that the ending letters of a verb in Italian give information: for example, *-re* means it's the <u>infinitive</u> or dictionary form of the verb (ex.: *vedere* = to see), while other letter combinations indicate that the verb has changed (i.e., is <u>conjugated</u>) to show WHO is doing the action that the verb communicates.

You will also remember that the **−O** ending indicates *io* or "I" do the action, the **−I** ending shows that *tu* or "you (familiar)" do the action, and **−IAMO** ending signals that *noi* or "we" do it.

Now it's time to learn how the verbs change their endings to communicate who else besides *io, tu,* and *noi* is doing the action. So study the table below and see if you can find the "family resemblances" in the changes you see….

who?	*ending*			*examples*		
	-are	*-ere*	**-ire**	*-are*	*-ere*	**-ire**
she/ he/ it (**lei/ lui**) *you* (formal; **Lei**)	*-a*	*-e*	**-e**	portA	scrivE	dormE
you (plural; **voi**)	*-ate*	*-ete*	**-ite**	portATE	scrivETE	dormITE
they (**loro**)	*-ano*	*-ono*	**-ono**	porTANO	scrivONO	dormONO

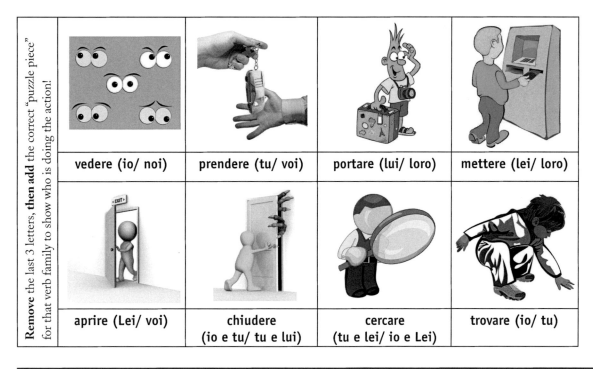

Remove the last 3 letters, then add the correct "puzzle piece" for that verb family to show who is doing the action!

vedere (io/ noi)	prendere (tu/ voi)	portare (lui/ loro)	mettere (lei/ loro)
aprire (Lei/ voi)	chiudere (io e tu/ tu e lui)	cercare (tu e lei/ io e Lei)	trovare (io/ tu)

tu	io	Lei	voi
una carta di credito	un'amica	gli stivali	3 valigie
noi	**loro**	**lui**	**io**
11 signori	la macchina	20 mappe	delle guide turistiche
lei	**voi**	**loro**	**Lei**
i soldi	la giacca grigia	degli amici	il Suo zaino
lui	**noi**	**tu**	**lei**
lo studente bravo	la cameriera	la tua borsa	l'orologio nello zaino

PARTNER ACTIVITY #1

You read the phrase <u>under</u> the first image; your partner gives the English equivalent. Change roles and alternate until the page is completed; ask for help as needed.

PARTNER ACTIVITY #2

Using the subject given <u>above</u> the first image, you create a sentence using the verb and the phrase; your partner gives the English equivalent. Change roles and alternate until the page is completed; ask for help as needed. Example: *Tu metti una carta di credito nel bancomat > You put in a credit card in the ATM.*

PARTNER ACTIVITY #3

As in #2, but change the subjects to the plural if singular or singular if plural -- as given below—to create the sentences. Example: <u>*Tu metti*</u> *una carta di credito>* <u>*Voi mettete*</u> *una carta di credito.*

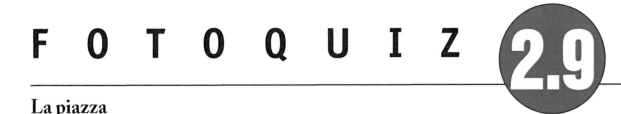

La piazza

(The town square, part 2)

il bar	il ristorante	il panificio	l'alimentare
il mercato (all'aperto)	il supermercato	il palazzo/ l'edificio	l'appartamento
il negozio	il museo	il campanile	l'albergo
il cinema	il tabaccaio	il comune/ il municipio	l'ufficio postale
il tavolo	il parco	il giardino	l'albero

(70, 71, 72, 73)	(74, 75, 76, 77)	(78, 79, 80, 81)	(82, 83, 84, 85)
dove siamo?	your (tu)/ bello	come si dice?	dov'è....?
(86, 87, 88, 89)	(90, 91, 92, 93)	(94, 95, 96, 97)	(98, 99, 100, 1)
his/ grande	my/ vecchio	your (Lei)	their
(71, 81, 91, 61)	(93, 83, 73, 63)	(52, 42, 32, 22)	(22, 44, 66, 88)
their/ piccolo	your (voi)	our/ moderno	her/ brutto
(33, 53, 73, 93)	(11, 31, 41, 21)	(74, 67, 96, 85)	(65, 75, 85, 95)
vedere (lui)	portare (voi)	vedere (Lei)	chiudere (loro)
(16, 26, 15, 55)	(14, 41, 34, 48)	(87, 58, 15, 12)	(17, 92, 63, 78)
aprire (voi)	dov'è....?	trovare (lei)	cercare (voi)

PARTNER ACTIVITY #1

You say the term, your partner gives with "a". Change roles, alternate until finished, ask for assistance as needed.

PARTNER ACTIVITY #2

You say the term in the plural ("*the* _____*s*"); your partner gives it with "*some* _____*s.*" Change roles and alternate until finishing the page; ask for help as needed.

PARTNER ACTIVITY #3

You say the term using *questo* or *quest'* ("this"), your partner translates it into English and then gives the same term using *quell, quell'* or *quello* ("that"). You translate and then say the next term using "this." Continue alternating using "this" and "that" until page is completed.

PARTNER ACTIVITY #4

You say the term in English, saying, for example, "*these bars,*" and your partner the phrase in Italian (questi bar). Change roles and alternate until finishing the page; as for help as needed.

PARTNER ACTIVITY #5

You say the term, adding an adjective based on an Italian city (from FQ 2.2; ex: *il parco > il parco romano*), and your partner gives it in the plural. Change roles, alternate until finished, ask for assistance as needed.

REMINDER: The masculine forms of this/these and that/ those in Italian are:

this	there	that	those
questo	questi	quel	quei
quest' (before vowels only)	questi	quell' (before vowels only)	quegli (before vowels)
		quello (before s+cons or z)	quegli (before s+cons or z)

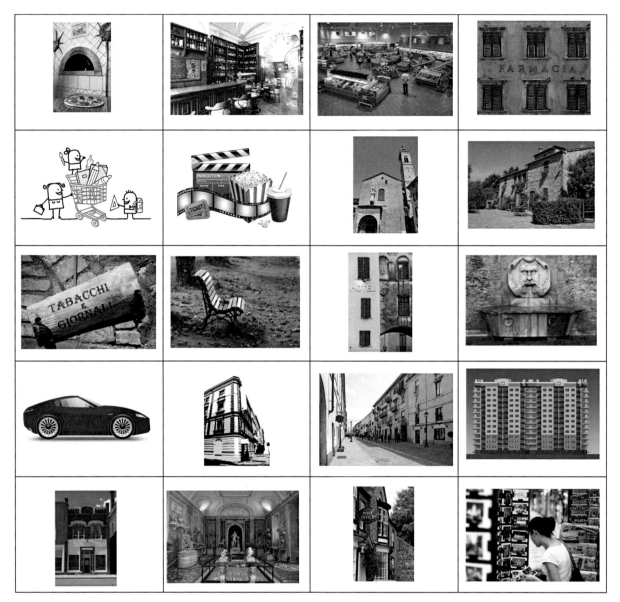

PARTNER ACTIVITY #1

Starting with the first image, you say the name in Italian and your partner gives it in English. Switch roles and alternate until the page is completed. Ask for help as needed.

PARTNER ACTIVITY #2

You say the first term in the plural, and your partner gives the next one in the plural. Alternate until the page is completed.

PARTNER ACTIVITY #3

With your partner, organize the items into logical categories and then create a mind map showing the categories you've come up with and which terms are "attached" to each category.

Al bar *(At the bar/cafè)*

una bibita	una spremuta (d'arancia)	una tazza (di...)	un'acqua minerale
un caffè	un cappuccino	un caffelatte	un caffè lungo/ un caffè americano
un caffè corretto	un succo di (frutta)	un tè	del limone
un bicchiere di (latte)	un cornetto/ una brioche (FS)	un toast	dei pasticcini
un tramezzino	un panino	un cucchiaio/ un cucchiaino	dello zucchero

€9,70 una dozzina	€12 per 3	€5,60 per paio	€1,40 la bottiglia
molti?	di formaggio?	di carota?	gassata? liscia?
€ 2,55	€3,25	€1,65	€8,35 per 4 persone
tanti?	doppio?	con zucchero	freddo?
€3,25 il tè incluso	€2,80	€1,70	€6 per 2 persone
tanto o poco?	con ghiaccio?	con grappa?	caldo o freddo?
€6,95 ognuno	€1,35	€1,45	€10,25 la confezione
uno o due?	caldo?	freddo? tiepido?	di cosa?
€15,45 per un set	dal €2 al €5,50	€ 4,20 ciascuno	gratis con il caffè
grande o piccolo?	solo una?	pochi?	con o senza?

PARTNER ACTIVITY #1

You **say the term, your partner gives it in the plural.** Change roles, alternate until finished, ask for assistance as needed.

PARTNER ACTIVITY #2

You **say the term using "some," and your partner translates into English.** Change roles, alternate until finished, ask for assistance as needed.

Helpful hint: if you're talking about the <u>a portion or serving</u>—that is, an amount taken from a whole, you should use the singular form; if you're talking about <u>many or few from a number of different things</u>, then you should use the plural form.
Ex: *dello zucchero* = a portion of sugar (i.e., some sugar out of a bowl); *degli zuccheri* = some sugars (i.e., types/kinds of sugar or undefined number of packages of sugar)

some (singular= part of a whole/ a little bit)	some (plural=undefined number of or types)
della spremuta	delle spremute
del tè	dei tè cinesi
del cornetto	dei cornetti buoni
dell'acqua minerale	delle acque minerali

PARTNER ACTIVITY #3

Using ONLY the singular items, you say **Mi piace….** (*I like …*) and your partner answers with the negative: **Non mi piace…..** When the page is completed, do the same with plural items, you saying **Non mi piacciono….** (*I don't like…*) and your partner saying **Mi piacciono….** Alternate until finished and ask for help as needed.

Helpful hint: When you talk about liking something in Italian, the verb changes according to WHAT is liked—not who is doing the liking, as in English. So for now all you need to do is remember to use the "short form" of the verb when it's just 1 thing you like (1 = *piace*), and the "long form" when it's 2 or more things that you like (2+ = *piacciono*)!

mi piace (1 thing)	**mi piacciono** (more than 1 thing)
mi piace la spremuta	mi piacciono le spremute
mi piace il caffè	mi piacciono i caffè
mi piace il panino di tonno	mi piacciono i panini di formaggio
mi piace una bibita fresca	mi piacciono le bibite calde

Il Bar: An Italian bar is very different from an American one. In Italy the bar is a busy community environment open to everyone—so it's not just a place for drinking alcohol, and it has no age restrictions.

Also unlike American bars, Italian bars fill a wide-range of daily needs: Many people go to the bar for their morning coffee and pastry, then visit later in the day for a snack, an ice cream or pack of gum, an afternoon pick-me-up or a glass of wine, beer, or other alcoholic beverages, or just to meet and hang out with friends. Some are quite small, so they can become very lively!

In general, at an Italian bar you go to the cash register first, where you say what you're ordering, pay, then pick up your receipt (*lo scontrino*). Once you have your receipt you take it to the bar and set it on the counter (putting a coin on top of it will usually get you prompter service), and tell the *barista* what you ordered. You then eat or drink standing at the bar.

Of course, most bars have small tables where you can sit to eat, drink, play cards, or watch the world go by. ATTENTI (careful) though! If you sit at a table instead of stand at the bar, the price for what you're ordering is usually HIGHER (this is because you have to be waited on at a table, so you're expected to pay extra for the service).

In fact, sometimes bars will have two distinct "sit-down" and a "stand up" price lists, like the one below. So remember to ask before sitting down if the prices are the same or different!

PARTNER ACTIVITY #4

Using the "jumble" on the other page, write at least 6 different items in the correct category on the listino below. Be sure to write the price for the item in one of the columns, and then create a new, logical price for the item in the other column.

Listino Prezzi					
	al banco	al tavolo		al banco	al tavolo
CAFFETERIA			**SNACK**		
un caffè	€1,45	€2,20	un cornetto		
un tè caldo			2 pasticcini		
un tè freddo					
BIBITE			**ALTRO**		
un bicchiere d'acqua minerale					

F O T O Q U I Z

2.11

Cosa facciamo oggi? *(What'll we do today?—io-tu-noi)*

100% rule→REMOVE last 3 letters and add   io = *-o* tu=*-i*   noi=*iamo*

essere *(io/ noi)*	avere *(noi/ tu)*	fare *(tu, amica,/ noi)*	stare *(io/ noi genitori)*
presentare *(io, la mamma,/ tu)*	(ri)tornare *(noi zii/ tu, cugina,)*	uscire *(io/ noi madri)*	entrare *(noi suoceri/ tu, caro,)*
partire *(tu zia/ io)*	arrivare *(io, tua moglie,/ tu)*	desiderare *(tu, mio marito,/ noi)*	ordinare *(io, la nipote,/ tu, nonna,)*
telefonare *(noi nonni/ io, la sorella,)*	camminare *(noi parenti/ tu, papà,)*	parlare *(io, la zia,/ noi zii)*	pensare *(tu e tuo fratello/ io)*
aspettare *(io e mio padre/ tu)*	guardare *(tu e il bisnonno/ io)*	passare *(io e il papà/ tu)*	chiamare *(io e il nipote/ tu, zio,)*

PARTNER ACTIVITY #1

You say the first word and your partner gives it in English. Switch roles and alternate until the page is completed. Ask for help as needed.

PARTNER ACTIVITY #2

Based on information you are given, circle the words for the verbs that do not follow the rules for their family. In the same box as the word, write down which "Toolkit" shows the changes for these verbs.

(17, 28, 65, 43)	(1, 5, 15, 55)	(12, 24, 36, 48)	(60, 71, 84, 96)
io, un'italiana,	noi ragazze	tu, amica,	noi signori
(100, 13, 68, 79)	(28, 33, 11, 84)	(66, 42, 28, 31)	(98, 32, 13, 28)
tu, amico,	io, la cameriera,	noi studenti	tu e io
(19, 5, 15, 63)	(25, 45, 65, 86)	(44, 55, 66, 77)	(23, 43, 63, 83)
tu, cameriere,	noi donne	noi uomini	io, l'americano,
(91, 71, 51, 31)	(38, 58, 78, 98)	(11, 41, 61, 91)	(15, 17, 19, 16)
tu, bambina,	noi ragazze	io, la donna,	tu, l'uomo,
(65, 76, 0, 12, 14)	(6, 26, 96, 66)	(30, 31, 8, 12, 13)	(4, 14, 100, 92)
noi camerieri	io e le amiche	noi amici	tu, studente,

La famiglia *(Family)*

la moglie	il marito	la nonna	il nonno
la madre	il padre	la nipote	il nipote
la figlia	il figlio	la zia	lo zio
la sorella	il fratello	le cugine	i cugini
i suoceri	i genitori	i parenti	l'albero genealogico

(allegro)	(ottimista)	(cattivo)	(buffo)
tante/ troppe	tanti/ troppi	pochi/ molti	pochi/ tanti
(simpatico)	(buono)	(stressato)	(intelligente)
pochi/ troppi	poche/ troppe	molti/ tanti	molte/ tante
(timido)	(interessante)	(antipatico)	(serio)
molte/ poche	quest'/ questi	questo/ questi	questa/ queste
(bravo)	(pigro)	(sportivo)	(disordinato)
my (sing./pl.)	our (sing./ pl.)	your (tu: sing./pl.)	your (voi: sing./pl.)
(estroverso)	(elegante)	(rilassato)	(avaro)
his (sing./pl.)	their (sing./pl.)	her (sing./pl.)	your (Lei: sing./pl.)

PARTNER ACTIVITY #1

You **say the term, your partner gives it with "a".** Change roles, alternate until finished, ask for assistance as needed.

PARTNER ACTIVITY #2

You say the term with "*one*" and your partners gives it with "*some*". Change roles, alternate until finished, ask for assistance as needed.

LA FAMIGLIA DI GIOVANNI RUSSO

Mi chiamo Giovanni Russo. Sono italo-americano. Ho una famiglia abbastanza grande.

Ho tre fratelli. Mia sorella si chiama Marta. I miei fratelli si chiamano Roberto e Paolo.

Io sono sposato. Mia moglie si chiama Anna. Abbiamo un figlio che si chiama Albertino. Lui ha due anni.

I miei fratelli non sono ancora sposati; sono molto più giovani di me.

I nostri genitori sono Erica (mia madre) e Tomaso (mio padre).

Mia madre ha un fratello e una sorella. Il fratello—mio zio—si chiama Giovi Anciovi. La sorella—mia zia—si chiama Anita Serenita.

Lo zio Giovi non è sposato—è un single. Non ha neanche la fidanzata, e non ha dei figli.

La zia Anita è sposata. Suo marito si chiama Marco Serenita. I miei zii Marco e Anita hanno due figli. Sono gemelli. La gemella si chiama Paola. Il gemello si chiama Paolino. Paola e Paolino sono i nostri cugini; sono i nipoti dei miei genitori.

Mio padre, Tomaso Russo, è figlio unico; non ha fratelli.

Mio nonno—il padre di mio padre, o il mio nonno paterno—è morto. Si chiamava [He was named] Eliade Russo. Mia nonna—la madre di mio padre—si chiama Elena Russo (nata Biella). Io, Marta, Roberto, e Paolo siamo i loro nipoti.

Il mio altro nonno—il padre di mia madre, o il mio nonno materno —si chiama Riccardo Anciovi. La sua prima moglie, la madre di mia madre, è morta molto tempo fa`. Si chiamava Elena Buttero. Adesso il nonno ha la seconda moglie; lei si chiama Elisabetta.

Non so chi sono i genitori dei nonni del mio padre. Ma so che i genitori della mia madre—i miei bis-nonni—erano [were] italiani: Francesca e Paolo Anciovi di Napoli.

L'ALBERO GENEALOGICO DI GIOVANNI RUSSO

i bisnonni

i nonni

i genitori,
gli zii,
i cugini

io e i fratelli

I pasti *(Typical Meals and Foods)*

QUANDO- durante la giornata:				
di mattina	la colazione (fare colazione)	il caffè	il biscotto	lo yoghurt
di pomeriggio	il pranzo (pranzare)	la pasta	la pizza	il vino
	lo spuntino (fare lo spuntino)	il panino	il tramezzino	la birra
di sera	l'aperitivo (prendere un aperitivo)	il cocktail	i salatini	gli stuzzichini
	la cena (cenare)	l'antipasto	il primo	il secondo
		il contorno	il dolce	il formaggio

€ 1,40	€ 12	€ 5,60	€ 3,25
prendere (io/ tu)	io mangio/ tu mangi	ordinare (tu/ noi)	cercare (voi/lei)
€ 7,55	€ 9,70	€ 15,95	€ 8,35 al litro
trovare (Lei; some)	fare (lei; good)	prendere (io; some)	prendere (noi; a glass)
€ 3,25 ogni lattina	€ 2,80 all'uno	€ 7,10	€ 6 al piattino
io bevo/ tu bevi	vedere (loro/ tu)	guardare (tu/ voi)	trovare (lui; some)
€ 6,95 in su	incluso	€ 1,35	gratis
ordinare (noi; many)	prendere (voi; few)	aprire (io/ il bimbo)	ti piace?/ ti piacciono?
€ 5,45 a persona	dal € 5 al € 12,50	€ 4,20 per 4 pezzi	€ 2 di coperto a persona
desiderare (lui/ loro)	fare (io/ noi)	mettere (tu; some)	mi piace/ mi piacciono

PARTNER ACTIVITY #1

You **say the term, your partner gives it with "*a*"**. Change roles, alternate until finished, ask for assistance as needed.

PARTNER ACTIVITY #2

You **say the term with "*one*" and your partners gives it with "*some*"**. Change roles, alternate until finished, ask for assistance as needed.

PARTNER ACTIVITY #3

You **say the term using a form of "*this/these*** (base word is <u>questo</u>)" and your partner translates into **English**. Change roles, alternate until finished, ask for assistance as needed.

Al ristorante *(At the restaurant)*

la minestra	la bistecca	l'insalata	le verdure
la frutta	la macedonia	la torta	le patate
il riso	la carne	l'uva	le patatine
il pollo	il pesce	il pane	i gamberi
il gelato	il formaggio	il pomodoro	i piselli

(100, 151, 120)	(280, 208, 240)	(163, 264, 291)	(350, 316, 376)
our	your (*Lei*)	their	his
(393, 270, 158)	(460, 404, 499)	(455, 461, 375)	(500, 555, 517)
their	her	my	your (*tu*)
(511, 656, 619)	(623, 637, 681)	(563, 558, 674)	(165, 268, 373)
my	your (*voi*)	our	their
(486, 560, 624)	(756, 719, 738)	(665, 775, 741)	(805, 896, 813)
her	his	your (*tu*)	our
(800, 636, 568)	(999, 934, 916)	(156, 666, 556)	(921, 467, 776)
their	my	your (*voi*)	my

PARTNER ACTIVITY #1

You **say the term, your partner gives it with "*a*".** Change roles, alternate until finished, ask for assistance as needed.

PARTNER ACTIVITY #2

You **say the term with "*one*" and your partners gives it with "*some*".** Change roles, alternate until finished, ask for assistance as needed.

PARTNER ACTIVITIES

Use Fotoquizzes 3.3, 3.2, and 2.10 to complete the following activities:

delle cose da mangiare	delle cose da bere

per colazione	per pranzo	per cena	altro

gli antipasti	i primi piatti	i secondi	i contorni	i dolci	altro

Antipasti

Primi Piatti	*Secondi*	*Contorni*
	Secondi di Carne	
	Secondi di Pesce	

Dolci   *Formaggi*

Bevande

Cosa facciamo oggi? *(What'll we do today?—lui, voi, loro)*

Family Resemblances → Reminder: the endings of verbs change based on the "family" (*-are*, *-ere*, *-ire*) it belongs to. See FQ 2.8
Irregular verbs → Some verbs have changes in the beginning part or stem. To see how the irregular verbs *essere*, *avere*, *fare*, *uscire*, and *stare* change, see Toolkit Cards 2A and 2E.

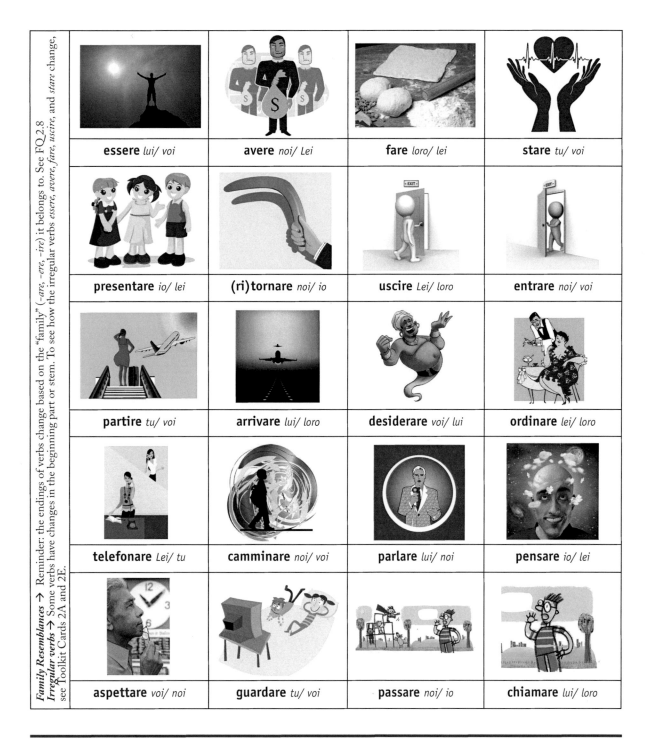

essere *lui/ voi*	**avere** *noi/ Lei*	**fare** *loro/ lei*	**stare** *tu/ voi*
presentare *io/ lei*	**(ri)tornare** *noi/ io*	**uscire** *Lei/ loro*	**entrare** *noi/ voi*
partire *tu/ voi*	**arrivare** *lui/ loro*	**desiderare** *voi/ lui*	**ordinare** *lei/ loro*
telefonare *Lei/ tu*	**camminare** *noi/ voi*	**parlare** *lui/ noi*	**pensare** *io/ lei*
aspettare *voi/ noi*	**guardare** *tu/ voi*	**passare** *noi/ io*	**chiamare** *lui/ loro*

who?	ending			examples		
	-are	*-ere*	*-ire*	*-are*	*-ere*	*-ire*
she/ he/ it (**lei/ lui**) *you* (formal; **Lei**)	*-a*	*-e*	*-e*	portA	scrivE	dormE
you (plural; **voi**)	*-ate*	*-ete*	*-ite*	portATE	scrivETE	dormITE
they (**loro**)	*-ano*	*-ono*	*-ono*	porTANO	scrivONO	dormONO

(217, 128, 365, 543)	(101, 5, 415, 655)	(812, 924, 36, 148)	(460, 971, 284, 496)
la mamma/ spesso	gli zii/ domani	tu, cara,/ adesso	noi ragazzi/ sempre
(1.000, 413, 68, 179)	(228, 433, 611, 884)	(966, 242, 528, 131)	(298, 332, 613, 528)
voi nonni/ sempre	io/ presto	i parenti/ troppo	voi cugini/tardi
(19, 5, 815, 763)	(725, 445, 565, 786)	(844, 355, 166, 377)	(423, 543, 663, 783)
tu e io/ oggi	voi/ il dolce	il marito/ la sorella	la birra/ oggi
(191, 271, 351, 431)	(538, 658, 778, 898)	(911, 41, 161, 391)	(515, 717, 919, 116)
tu, figlia, / troppo	mio padre/ ogni sera	lui/ bene	lo zio/ male
(65, 176, 1.000, 124)	(6, 226, 496, 666)	(303, 181, 213, 534)	(414, 100, 921, 17)
i parenti/ l'albergo	l'antipasto/ buono	noi/ una famiglia	io/ i tramezzini

Fotoquiz 3.4

La casa e i mobili
(House and furnishings, part 1)

una casa	una villetta	una villa	la parete
una pianta	una chiave	la stanza da bagno	una sala (il soggiorno/ il salotto); MS)
la camera da letto	la cucina	la terrazza	la tavola (un tavolo); MS)
una porta	una finestra	una luce	la scala
una lampada	una sedia	una televisione	sopra/ destra sotto/ sinistra

PARTNER ACTIVITY #1

You **say the term with the correct flavor of "my," your partner gives it in the plural.** Change roles, alternate until finished, ask for assistance as needed.

PARTNER ACTIVITY #2

You **say the term with the correct flavor of "your"** *(voi form)*, **your partner translates it into English.** Change roles, alternate until finished, ask for assistance as needed.

PARTNER ACTIVITY #3

You say the terms with the correct flavor of "this" (base word is *questo*) and your partner gives it with "that" (base word is quello).

PARTNER ACTIVITY #4

You say the terms with the correct flavor of "these" (base word is *questo* in plural) and your partner gives it with "those" (base word is *quello* in plural).

(61, 39, 27)	(58, 43, 77)	(13, 100, 92)	(7, 17, 71)
avere ragione	avere sete	avere caldo	fare la spesa
(33, 66, 99)	(11, 28, 31)	(15, 28, 31)	(48, 76, 15)
fare tardi	avere fame	fare un giro	avere torto
(12, 22, 40)	(36, 14, 81)	(99, 88, 16)	(16, 23, 60)
avere bisogno di	avere voglia di	avere ... anni	fare due passi
(5, 15, 55)	(54, 49, 29)	(65, 75, 44)	(10, 30, 20)
avere paura di	fare due chiacchiere	avere freddo	fare un affare
(25, 64, 17)	(43, 71, 78)	(35, 65, 85)	(100, 0, 50)
avere fame	fare bella figura	fare schifo	avere sonno

La casa e i mobili
(Home and furnishings part 2)

il padrone	il vicino	l'indirizzo	gli appartamenti
un muro	un quadro	un cortile	i piani
un letto	un armadio	uno scaffale	il pianterreno
un ascensore	un garage	il riscaldamento	gli animali domestici
dentro	fuori	in periferia	in centro

PARTNER ACTIVITY #1

You give the term in the plural using "the," your partner gives it with "some."

PARTNER ACTIVITY #2

You say the term with the correct `flavor' of "our," your partner gives it in the "your" (*tu*). Change roles, alternate until finished, ask for assistance as needed.

PARTNER ACTIVITY #3

You say the terms with the correct flavor of "this" (base word is *questo* in the singular) and your partner gives it with "that" (base word is *quello* in the singular).

PARTNER ACTIVITY #4

You say the terms with the correct flavor of "*these*" (base word is *questo* in plural) and your partner gives it with "*those*" (base word is *quello* in plural).

PARTNER ACTIVITY #5

You say the plural term with the correct flavor of "many" (base word is *troppo*) (*molto*), and your partner gives it with "too many." Change roles, alternate until finished, ask for assistance as needed.

PARTNER ACTIVITY #6

A. You introduce the term saying "I desire," (*desiderare*); "she needs," (*dovere*); OR "you want," (*volere*) and your partner gives the English. Change roles, alternate until finished, ask for assistance as needed.
B. Just like #7A, but start at the END and say it in the negative (I <u>don't</u> desire, etc.).

molti bar	questo ristorante	pochi panifici	tanti tavoli
io/ avere	lui/ vedere	noi/ stare	tu/ desiderare
troppi cinema	pochi tabaccai	questo comune	quell'ufficio postale
noi/ fare	loro/ arrivare a	voi/ camminare a	io/ andare a
pochi mercato	dei supermercati	quei palazzi	quest'appartamento
lui/ guadare	tu/ passare	lei/ aspettare	la casa/ avere
molti negozi	tanti musei	quel campanile	quell'albergo
i ragazzi/ guardare	io/ andare a	lui/ uscire	tu/ presentare
quegli alimentari	pochi parchi	questi alberi	tanti giardini
loro/ entrare	voi/ tornare a	noi/ cercare	io/ trovare

La casa e i mobili (House and furnishings, part 2)

(alla destra)	(molte macchine)	(questa cartoleria)	(la statua)
lui/ mettere	io/ avere	voi/ prendere	Lei/ fare
(quella pizzeria)	(accanto a)	(tante banche)	(la panchina)
noi/ desiderare	tu/ chiudere	loro/ stare	Lei/ entrare
(questa libreria)	(quella trattoria)	(molte chiese)	(la strada)
io/ fare	tu/ essere	voi/ aprire	noi/ essere
(poche discoteche)	(tante gelaterie)	(davanti a)	(la farmacia)
voi/ vedere	la nonna/ camminare in	l'appartamento/ essere	l'edificio/ avere 10
(all'angolo)	(quest'edicola)	(quella fontana)	(la pensione)
tu/ stare a	la villa/ essere	io/ chiudere	loro/ trovare

Fotoquiz 3.6

La vita quotidiana *(Daily Life)*

100% rule→REMOVE last 3 letters and add   io = **-o** tu=**-i**   noi=**iamo**
Family rule→REMOVE last 3 letters and add correct "family resemblance" (see FQ 2.8 for refresher)
Irregular verbs→See TKs 3E and 3F

dare *(io/ tu)*	**andare** *(noi/ io)*	**venire** *(loro/ lei)*	**dire** *(tu/ voi)*
litigare (opposite: andare d'accordo) *(noi/ lei)*	**cucinare** *(voi/ io)*	**mangiare** *(Lei/ loro)*	**bere** *(noi/ tu)*
abitare *(tu/ voi)*	**incontrare** *(lui/ loro)*	**lavorare** *(voi/ lui)*	**pulire** *(lei/ loro)*
offrire *(Lei/ tu)*	**ricevere** *(noi/ voi)*	**alzare (alzarsi)** *(lui/ noi)*	**svegliare (svegliarsi)** *(io/ lei)*
divertirsi *(voi/ noi)*	**vestire (vestirsi)** *(tu/ voi)*	**dormire (addormentarsi)** *(noi/ io)*	**preparare (prepararsi)** *(lui/ loro)*

| | **100% Rule:** | **io (I)** | **tu (you, inf.)** | **noi (we)** |

100% Rule: io (I)   tu (you, inf.)   noi (we)

Verbs that have a −*si* added to their endings need a tiny word IN FRONT of the changed verb, to show that they are reflexive (that is, the person/ thing doing the action is doing it to themselves):

	tiny word (aka reflexive pronoun)	**-*are* family (ex: alzar<u>si</u>)**	**-*ere* family (ex: vedersi)**	**-*ire* family (ex: vestir<u>si</u>)**
io	mi	MI alzO	MI vedO	MI vestO
tu	ti	TI alzI	TI vedI	TI vestI
noi	ci	CI alzIAMO	CI vedIAMO	CI vestIAMO

PARTNER ACTIVITY, SET 1

Now that you know the pronunciation of the action words (verbs) on the "*La vita quotidiana*" page and have reviewed the "how these verbs change" information above, practice with a partner by saying them as they change to indicate that *io*, *tu*, and then *noi* are doing the action. (Be sure to add the correct "tiny word" in front of the verb when you get to the ones that have a −*si* variation on their endings!) Use the "alternating role" method to practice saying the changed verbs.

PARTNER ACTIVITY, SET 2

Review the "how these verbs change" information below:

85% Rule: Lei (you, formal)   **lui (he)   lei (she)**   **voi (you, pl.)   loro (they)**

USUALLY have similar endings but OFTEN use different vowels in them
Verbs that have a −*si* added to their endings need a tiny word IN FRONT of the changed verb, to show that they are reflexive (that is, the person/ thing doing the action is doing it to themselves):

	tiny word (aka reflexive pronoun)	**-*are* family (ex: alzar<u>si</u>)**	**-*ere* family (ex: vedersi)**	**-*ire* family (ex: vestir<u>si</u>)**
Lei lui/ lei	SI	SI alzA	SI vedE	SI vestE
voi	VI	VI alzATE	VI vedETE	VI vestITE
loro	SI	SI alzANO	SI vedONO	SI vestONO

Practice with a partner by saying them as they change to indicate that *Lei/ lui/ lei, voi,* and then *loro* are doing the action. (Be sure to add the correct "tiny word" in front of the verb when you get to the ones that have a −*si* variation on their endings!) Use the "alternating role" method to practice saying the changed verbs.

PARTNER ACTIVITY, SET 3

FIRST: Using the "scramble" page, you say the first term and your partner gives the English. Then switch roles on the next one, alternating until done.

THEN: Starting at the END, you change the verb according to the first subject, and then your partner gives it with the second subject. Then you say them BOTH in English, and your partner switches roles. Alternate until done.

ogni giorno	stasera	domani	adesso
noi donne/ io	voi padri/ Lei	lo zio/ loro	Lei, signore,/ voi
oggi	di mattina	di sera	a mezzogiorno
io/ tu, nonna,	tu e Anna/ il bambino	i parenti/ la mamma	la prof/ tu, papà,
quest'anno	stamattina	a mezzanotte	ogni settimana
mia suocera/ tu	le vostre mogli/ noi	lei/ i loro mariti	tu, cameriera,/ noi
alle 7 e mezzo	alle 8 e un quarto	di pomeriggio	alle sei in punto
gli zii/ il tuo bisnonno	tu, caro,/ voi nonni	mio fratello/ loro	noi amici/ tua sorella
per un'ora	dall'una alle tre	per una mezz'ora	questo mese
mia nipote/ i suoi figli	tu, figlia mia,/ noi	voi uomini/ mio figlio	io e mia madre/ tu

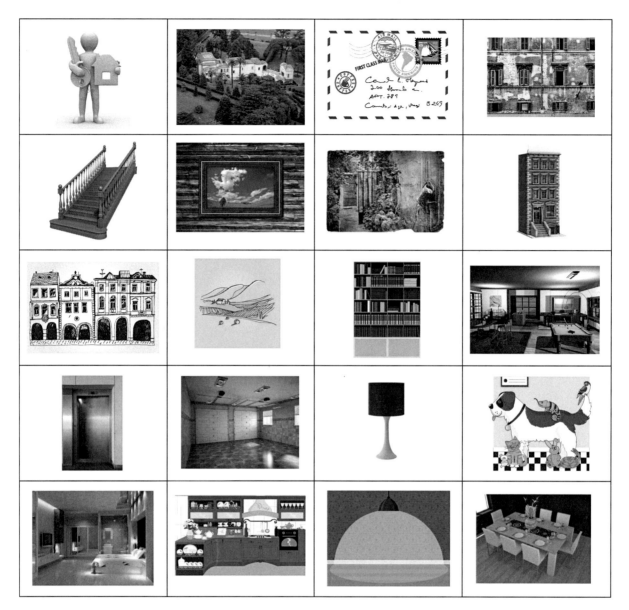

PARTNER ACTIVITY #1

You say the term for the first image, and your partner gives the English. Switch roles and alternate until the page is completed.

PARTNER ACTIVITY #2

Using the verb *offrire*, say "I offer" and the term. Your partner responds by using *ricevere* to say "I receive" and the term. Switch roles and alternate until the page is completed.

PARTNER ACTIVITY #3

With your partner, organize the items on the "jumble" into logical categories and then create a mind map showing the categories you've come up with. Then, review FQ 3.7 and "attach" as many verbs as you logically can to each category. When done, share your map with another pair.

A scuola e al lavoro
(At school and at work, part 1)

insegnare *io/ tu*	imparare *noi/ voi*	guadagnare *lui/ loro*	laurearsi *Lei/ tu*
sbagliare *noi/ io*	studiare *voi/ loro*	ascoltare *tu/ lei*	spiegare *io/ noi*
contare *tu/ voi*	giocare *Lei/ noi*	scherzare *io/ lei*	credere *lui/ loro*
leggere *lei/ voi*	scrivere *io/ loro*	chiedere *io/ tu*	rispondere *tu/ lui*
conoscere *lui/ noi*	sapere *voi/ Lei*	capire *loro/ Lei*	riuscire (a) *io/ tu*

(100, 120, 140)	(180, 200, 220)	(260, 280, 290)	(250, 230, 210)
io/la mamma	noi/l'italiano	voi/gli euro	tu/di mattina
(190, 170, 150)	(110, 101, 99)	(55, 65, 75, 85)	(155, 255, 175)
Lei/il conto	tu/molto	loro/i ragazzi	lui/spesso
(110, 156, 189)	(211, 127, 188)	(160, 240, 270)	(215, 168, 273)
tu/alle 22:40	voi/dalle 8 alle 9	il bambino/sempre	la donna/i signori
(83, 130, 123)	(141, 95, 300)	(165, 275, 116)	(102, 202, 206)
una ragazza/in classe	loro/subito	io/un favore	voi/domani
(206, 113, 218)	(299, 198, 97)	(21, 131, 241)	(223, 163, 73)
io/ogni giorno	un uomo/tutto	noi/a SRJC	tu/imparare

A scuola e al lavoro

(At school and at work, part 2)

una biblioteca	un'università	una facoltà	una scuola
una classe in aula	una lavagna/ uno schermo (MS)	una mensa	una fabbrica
un liceo	un banco	un giornale	uno stipendio
un titolo	un conto	un lavoro	un cliente
un impiegato	un operaio	un disoccupato	facile/ difficile

alle otto e trenta	è l'una	sono le tredici	che ore sono?
noi/imparare	loro/laurearsi?	lui/sbagliare	voi/insegnare
tutte le sere	*ogni mese*	*le due meno dieci*	*fra un'ora*
Lei/guadagnare?	la sorella/contare	noi/giocare	com'è?
un quarto d'ora	*fino alle quattro*	*è mezzogiorno*	*il mese passato*
voi/conoscere?	lui/capire	tu, moglie,/leggere?	gli zii/rispondere
ieri	*avant'ieri*	*adesso*	*oggi*
io/riuscire a trovare	Lei/spiegare?	voi/sapere tutte	noi/credere
è mezzanotte	*a che ora....?*	*che ora è?*	*di notte*
loro/scherzare	io/sbagliare	voi cugine/vedere	tu, marito,/studiare

ACTIVITIES

Alternate saying terms on the front page using: <u>first</u> "*the*" sing.>"*the* _____s;" <u>then</u> "*one>some*;" <u>next</u> "*this>these*;" <u>finally</u> "*that>those*."

Le commissioni e il tempo libero
(Errands and Free Time, part 1)

aiutare *noi/ voi cugini*	ringraziare *io/ la mamma*	pagare *lui/ le donne*	provare *Lei/ tu, sorella,*
usare *voi/ io e lui*	cambiare/ cambiarsi *voi/ i signori*	dimenticare *tu e Anna/ lei*	cantare *io/ noi mogli*
ballare *tu/ voi zii*	guidare *Lei/ noi*	suonare *io/ tu, papà,*	baciare *lui/ lei e lui*
sognare *lei/ voi genitori*	decidere *lui/ noi figli*	vendere *io/ tu*	scegliere *tu/ Lei, bisnonna,*
descrivere *io/ i mariti*	correre *voi/ Marco*	scoprire *noi/ Lei, dottore,*	spendere *io/ tu*

(300, 340, 320)	(380, 400, 440)	(460, 480, 490)	(450, 330, 438)
tu/ dovere	io/volere	noi/desiderare	lui/sperare di
(390, 370, 350)	(330, 303, 499)	(255, 365, 475)	(355, 455, 375)
voi/pensare di	Lei/avere paura di	io/potere	io/dovere
(330, 356, 389)	(433, 347, 388)	(360, 440, 470)	(435, 368, 473)
noi/sperare	tu/preferire	voi/desiderare	noi/volere
(283, 330, 343)	(343, 195, 300)	(365, 475, 336)	(304, 404, 406)
io/avere voglia di	lui/dovere	loro/volere	tu/potere
(406, 333, 438)	(499, 398, 97)	(143, 333, 443)	(443, 363, 273)
noi/dovere	lei/volere	io/pensare di	voi/dovere

Le commissioni e il tempo libero
(Errands and Free Time, part 2)

la spesa	una confezione	una commessa	un'attività
l'acquisto	la roba	la moda	le taglie
un prezzo	un conto	uno sconto	lo scontrino
un negozio	un regalo	gli articoli da regalo	i soldi/ il denaro
un litro	un chilo	un etto (100 grammi)	il peso

(600, 651, 620)	(680, 520, 550)	(560, 544, 590)	(550, 660, 561)
lui/cercare	tu/comprare oggi	io/ vedere adesso	noi/volere
(693, 670, 650)	(260, 606, 599)	(255, 661, 575)	(655, 555, 675)
lei/sbagliare	io/ non leggere mai	voi/capire	tu/contare spesso
(610, 656, 619)	(566, 657, 681)	(660, 558, 574)	(565, 368, 573)
loro/studiare	noi/leggere oggi	Lei/ guadagnare	voi/pagare prima
(286, 660, 354)	(656, 195, 616)	(665, 575, 628)	(605, 505, 506)
io/trovare	lui/spiegare	noi/fare	lei/credere
(506, 636, 568)	(599, 693, 497)	(156, 666, 556)	(556, 667, 276)
tu/comprare tre	lei/fare	io/volere due	noi/prendere sei

ACTIVITIES

Alternate saying terms on the front page using: <u>first</u> "*the*" sing.>"*the* _____ *s*;" <u>then</u>"*one>some*;" <u>next</u> "*this>these*;" <u>finally</u> "*that>those*."

Le stagioni e il tempo *(Seasons and Weather)*

In quale stagione....?				
l'estate	il sole; *c'è il sole*	il tempo; *fa bel tempo*	il caldo; *fa molto caldo*	*avere caldo*
l'autunno	il vento; *tira vento*	il fresco; *fa fresco*	la tempesta; *c'è una tempesta*	la nebbia; *c'è nebbia*
l'inverno	il freddo; *fa freddo*	la pioggia; *piove*	la neve; *nevica*	*fa brutto tempo*
la primavera	la nuvola; *è nuvoloso*	il cielo; *è coperto*	*è variabile*	*avere freddo*

				la primavera
io > noi tu > voi	che tempo fa?	com'è oggi?	cosa fai d'estate?	quale stagione viene prima?
		l'estate		
fa bello o brutto tempo?	quando c'è?	quale stagione viene dopo?	hai paura?	cosa fai quando...?
l'inverno				
cosa facciamo?	cosa mangi?	che tempo fa?	cosa fai?	dove vai?
			l'autunno	
dove andate e cosa fate?	cosa vede Lei?	cosa bevi quando....?	come si veste una persona?	loro > lui Lei >voi

F O T O Q U I Z  4.6

La città e i dintorni *(The city and its environs)*

la città *(in)*	la campagna *(in)*	la fattoria *(a + la)*	la casa *(a)*
la collina *(su + la* or *a + la)*	la montagna *(in)*	la spiaggia *(a + la* or *in)*	l'isola *(su + l'* or *a + l')*
la stazione (dei treni; degli autobus; dei servizi) *(a + la)*	l'aeroporto *(a + il)*	il parcheggio *(a + il)*	l'autostrada *(su + l'* or *in)*
lo stadio *(a + lo)*	il ponte *(su + il)*	il campo *(in + il)*	il bosco/la foresta (FS) *(in + il/ la)*
il fiume *(a + il)*	il lago *(a + il)*	il mare *(a + il)*	il vulcano *(su + il)*

(700, 841, 720)	(780, 820, 733)	(670, 844, 895)	(880, 470, 871)
noi/ stare domani	io/ venire da	lui/ vedere lontano	loro/ cercare adesso
(793, 567, 780)	(270, 707, 899)	(688, 771, 878)	(158, 888, 768)
Lei/ trovare vicino	partire per stamattina	io/ tornare a	pensare di
(310, 817, 719)	(657, 713, 781)	(706, 892, 874)	(128, 378, 873)
voi/ entrare sopra	Lei/ andare a	lui/ abitare in	io/ uscire da
(287, 776, 384)	(487, 198, 716)	(711, 878, 728)	(731, 828, 607)
loro/ passare tempo a	noi/ arrivare su	voi/ lavorare in	io/ divertirsi in
(207, 737, 678)	(899, 728, 497)	(187, 738, 885)	(823, 777, 216)
tu/addormentarsi + alle	Marco/prepararsi + alle	noi/ conoscere	voi/ scoprire

ACTIVITIES

Alternate saying terms on the front page using: <u>first</u> "the" sing.>"the _____s;" <u>then</u> "many" (*molto*) > "few" > (*poco*); <u>next</u> "our> my;" <u>finally</u> "your (*tu*)>their."

La penisola italiana *(The Italian peninsula)*

la nazione	delle regioni	una provincia	la capitale
una mappa/ una carta geografica	la costa	la distanza	le direzioni
un luogo/un posto	un Paese	un cittadino	l'UE/ l'Unione Europea
il Mezzogiorno	un confine	l'estero	uno stato
un comunitario	un extracomunitario	i chilometri	l'euro/ l'eurodollaro

(1.000 1.701)	(1.080 1.823)	(6.718 44.895)	(88.047 3.418)
vedere/Florentine	conoscere/Italian	preferire/Palerman	arrivare/Venetian
(27.935 67.780)	(270.564 5.222)	(68.171 8.239)	(158.888 2.965)
leggere/Roman	cercare/big	aspettare/long	spiegare/easy
(310.817 7.007)	(65.713 781)	(706.892 267)	(12.873 48.134)
passare/English	chiamare/French	vendere/hard	entrare/American
(287.116 384)	(487.198 718)	(11.636 1.283)	(73.826 4.269)
capire/Neapolitan	tornare a/Genovese	uscire con/old	abitare/young
(438 1.000.000)	(15.972 494)	(187.738 8.851)	(82.371 77.216)
studiare/small	chiedere/tall	contare/ugly	insegnare/Milanese

ACTIVITIES

Alternate saying terms on the front page using: first "*the*" sing.>"*the* _____ s*;*" then "*many*" (molto) > "*too many*" > (troppo); next "*this>these*" finally "*that>those.*"

F O T O Q U I Z 5.1

Le professioni e le nazionalità
(Professions and nationalities)

una segretaria un segretario	un'artista un artista	una cameriera un cameriere	un'infermiera un infermiere
una professoressa un professore	una dottoressa un dottore	un'insegnante un insegnante	una cuoca un cuoco
un'attrice un attore	una scrittrice uno scrittore	una parrucchiera un parrucchiere	una camionista un camionista
un'impiegata un impiegato	una ragioniera un ragioniere	una giornalista un giornalista	un muratore

ACTIVITIES

Alternate saying terms on the front page using: <u>first</u> "the" sing.>"the _____s;" <u>then</u> "one>some;" <u>next</u> "this>these;" <u>finally</u> "that>those."

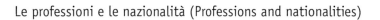

Le professioni e le nazionalità (Professions and nationalities)

un avvocato	un architetto	un idraulico	un ingegnere
un italiano	un americano	un messicano	un australiano
un brasiliano	un egiziano	un coreano	un argentino
uno spagnolo	un russo	un tedesco	un polacco
un greco	un libico	un marocchino	un inglese
un canadese	un cinese	un giapponese	un francese

Fotoquiz 5.1

bravo/ 328 cattivo	buono/ 15 brutto	brutto/ 111 bello	simpatico/ 17 pigro
secondo me	penso di	magari!	che ne dici?
disordinato/ 5 serio	elegante/ 33 avaro	antipatico/ 65 buffo	sportivo/ 99 triste
nella mia opinione	per quanto tempo...	senz'altro	mi raccomando
rilassato/ 23 stanco	nervoso/ 7 noioso	tranquillo/ 2 energico	pessimista/ 6 allegro
spero di	meno male	eccome!	non mi va
estroverso/ 2 ottimista	interessante/ 9 timido	carino/ 548 generoso	cortese/ 207 cattivo
da quanto tempo...	come mai?	anzi	capirai!
stressato/ 1.000 avaro	bello/ 17 energico	scortese/ 4 cortese	gentile/ 15 ottimista
credo di sì	purtroppo	per carità!	voglio dire....

Le professioni e le nazionalità (Professions and nationalities)

ACTIVITY:

Write all of the terms from FQ 5.1 in its appropriate category. (Some may belong to more than one category.) When done, compare your list with that of a partner or two.

male	profession: "blue collar" (manual laborer)	profession: "white collar" (service or office worker)	female

nationality: male (sing.)	name of country (put correct form of "the" in front of the name)	nationality: female (sing.)

cominciare *io/ tu, amica,*	**invitare** *noi/ voi artisti*	**girare** *il muratore/ loro*	**riposarsi** *Lei, avvocato,/ io*
ricordare *noi parrucchieri / io*	**prenotare** *voi/ le cuoche*	**lasciare** *tu/ la segretaria*	**sembrare** *io/ noi attrici*
annoiare/ annoiarsi *tu/ io*	**restare** *Lei, dottore, / noi*	**diventare** *io/ l'inglesina*	**vivere** *lui/ i camionisti*
perdere/ perdersi *lei/ voi attori*	**scendere** *io/ gli impiegati*	**salire** *io/ tu, infermiera,*	**fermare/ fermarsi** *tu/ i greci*
sentire/ sentirsi *il tedesco/ noi cinesi*	**seguire** *voi egiziane/ Lei*	**finire** *lui/ le spagnole*	**sostituire** *io/ tu*

ogni giorno	*tutti gli anni*	*di solito*	*questa domenica*
la scala	gli amici	in Italia	il profumo/ male
spesso	*sempre*	*prima delle otto*	*la sera*
di fare la spesa	macchina/ i bambini	la valigia	la pizza
quando?	*qualche volta*	*non... mai*	*una volta al mese*
il pesce	a casa	dei cittadini	un albergo
ogni tanto	*tutte le sere*	*a giorni alterni*	*a mezzanotte*
l'orologio/ nel bosco	il pane	in treno	giovane
ogni pomeriggio	*la notte*	*tutti i giorni*	*raramente*
sul divano	l'uomo	un libro	i prof/ le cugine

ACTIVITIES

- With a partner, use the italicized frequency words (from TK4B) on the line <u>above</u> the image to create a sentence telling how often you do the action
- Create a new sentence using the words on the line <u>below</u> the image
- Now rewrite the second sentence in the *passato prossimo*

una gita (FS)/ un viaggio (MS)	una vacanza	la partenza (FS); l'arrivo (MS)	le informazioni
una lettera	una cartolina	una email	una camera singola
la moto/ la motocicletta	la macchina/ l'automobile	la nave	una patente
un autobus/ un bus/ un pullman	un treno e un binario	un albergo	un letto matrimoniale
l'aereo/ l'aereoplano	un biglietto	un incidente	uno sciopero

€1.299 a persona	€350 tutto incluso	€75 solo andata	€,85 al francobollo
io/ volere fare	loro/ preparare	noi/ dovere scegliere	tu/potere scrivere
€3,70 internazionale	€628 solo ritorno	a partire da €215.451	€1,20 al percorso
lui/ preferire leggere	voi/ dovere comprare	Lei/volere guidare	io/ preferire prendere
€2.830,55	€176,95 la notte	€153 andata/ritorno	€7.651 tutto compreso
Marco/avere fretta	tu/ avere bisogno di	voi/potere prenotare	loro/avere voglia di
€,50 all'ora	€5,60 al km	€69,25 con colazione	€225 per due persone
Lei/dovere preparare	io/volere salire su	noi/dovere cercare	lei/non potere trovare
massimo €150	minimo €975	intorno a €1.432	circa €,10 ciascuna
lui/non dovere usare	voi/dovere scendere da	loro/potere fare	noi/dovere chiedere

ACTIVITIES

Alternate saying terms on the front page using: <u>first</u> "some;" <u>then</u> "many" (*molto*) > "few" > (*poco*); <u>next</u> "this>that" <u>finally</u> "my>your (*tu*)."

La cultura *(Culture)*

una mostra	una poesia	la radio	l'arte
la letteratura	l'economia	la storia	le lingue
la musica	la politica	la scienza	le religioni
una civiltà	un popolo	il teatro	il cinema
il Rinascimento	un romanzo	il mondo	l'ambiente

lunedì, martedì	mercoledì, giovedì	venerdì, sabato	domenica
girare/ diventare	scrivere/ dire	sembrare/ essere	comprare/ cominciare
gennaio, febbraio	marzo, aprile	maggio, giugno	luglio, agosto
leggere/ ricordare	salire/ scendere	vedere/ cercare	guardare/ pagare
settembre, ottobre	novembre, dicembre	M, T, W, Th	F, Sat, Sun
ascoltare/ suonare	decidere/ scegliere	viaggiare/ scoprire	chiedere/ trovare
Jan, Feb, Mar, Apr	May, June, July, Aug	Sept, Oct, Nov, Dec	noon, midnight, 1am
passare/ vivere	avere/ andare	ballare/ cantare	cambiarsi/ annoiarsi
2:15, 4:30, 5:45, 10:10	alle tre in punto	dalle sei alle otto	prima delle nove
litigare/ preparare	parlare/ dire	dare/ offrire	svegliarsi/ incontrare

ACTIVITIES

Alternate saying terms on the front page using: <u>first</u> "some;" <u>then</u> "many" (*molto*) > "few" > (*poco*); <u>next</u> "this>these" <u>finally</u> "that>those."

Le feste *(Holidays)*

una santa/ una santa patrona	una corsa di cavalli	una sagra	una Notte Bianca
la Festa della Repubblica	la Pasqua	l'Epifania	il Natale
il Capodanno	il Carnevale	il Ferragosto	l'Ognissanti
un compleanno	un onomastico	un santo/ un santo patrono	uno spettacolo
un palio	un concerto	un complesso/ una banda	i fuochi artificiali

il 26 febbraio; 26/2	il primo gennaio; 1/1	il 9 marzo; 9/3	il 15 dicembre; 15/12
tu?/parlare	noi?/cercare	Lei? /celebrare	voi?/ camminare
l'11 agosto; 11/8	il 30 november; 30/11	l'8 giugno; 8/6	il primo luglio; 1/7
io/ andare (no)	tu/ festeggiare (no)	loro/ invitare (no)	lui/ ascoltare (no)
l'8 aprile; 8/4	il 23 ottobre; 23/10	il primo maggio; 1/5	l'11 marzo; 11/3
tu e Marco/ fotografare	i miei genitori/ sentire	la tua zia/ trovare	io e Anna/ vedere
13/1; 24/12; 7/2	30/11; 6/6; 9/10	3/8; 15/4; 28/8	il 5 maggio; il 4 gennaio
tu, nonno,/ desiderare	voi bambini/ scoprire	le signore/ aspettare	noi uomini/ preferire
il 25 dicembre; 22/6	il 2 novembre; 16/11	il 14 febbraio; 3/2	il 6 giugno; 17/11
io e tu/ divertirsi	queste donne/ ricevere	quel ragazzo/ provare	delle persone/ viaggiare

ACTIVITIES

Alternate saying terms on the front page using: <u>first</u> "some;" <u>then</u> "many" (*molto*) > "few" > (*poco*); <u>next</u> "this>that" <u>finally</u> "our> their."

TOOLKIT CARDS

1A

❶ *"a/an/one,"* ❷ *"the,"* ❸ *"some/ some of the"*
These <u>parts of speech</u> are known as: ❶*indefinite articles,* ❷*definite articles,*
❸ *the partitive (plural only)*

una FS 1	**un'** FS 2	**un** MS 3	**uno** MS 4
la FS 5	**l'** FS 6	**le** FP 7	**il** MS 8
lo MS 9	**l'** MS 10	**gli** MP 11	**i** MP 12
ma S 13	**con** S 14	**delle** FP 15	**dei** MP 16
un po' P 17	**sì** 18	**no** 19	**degli** MP 20

uno MS *a/ an/ one* before "s+consonant" and z only 4	**un** MS *a/ an/ one* 85% rule 3	**un'** FS *a/ an/ one* before vowels only 2	**una** FS *a/ an/ one* 95% rule 1
il MS *the* 85% rule 8	**le** FP *the* 100% rule 7	**l'** FS *the* before vowels only 6	**la** FS *the* 95% rule 5
i MP *the* 85% rule 12	**gli** MP *the* before "s+consonant," z, and vowels only 11	**l'** MS *the* before vowels only 10	**lo** MS *the* before "s+consonant" and z only 9
dei MP *some* 85% rule 16	**delle** FP *some* 100% rule 15	**con** *with* never changes 14	**ma** *but* never changes 13
degli MP *some* before "s+consonant," z, and vowels only 20	**no** *no* 19	**sì** *yes* 18	**un po'** *a little bit* never changes 17

Toolkit Cards: Set #1A

TOOLKIT CARDS **1B**

❶ *"my," "your," "our,"* **❷** *names of colors*
These parts of speech are known as: **❶** *possessive adjectives (before a noun) and pronouns (without a noun);*
❷ *nouns for colors (all in the masculine), which can be changed into adjectives (the "flavors")*

il mio MS 21	**la mia** FS 22	**i miei** MP 23	**le mie** FP 24
il tuo MS 25	**la tua** FS 26	**i tuoi** MP 27	**le tue** FP 28
il nostro MS 29	**la nostra** FS 30	**i nostri** MP 31	**le nostre** FP 32
rosso MS 33	**giallo** MS 34	**azzurro** MS 35	**bianco** MS 36
nero MS 37	**verde** MS/ FS 38	**viola** MFSP 39	**arancione** MFSP 40

FP **le mie** *my* (io) *mine* 24	MP **i miei** *my* (io) *mine* 23	FS **la mia** *my* (io) *mine* 22	MS **il mio** *my* (io) *mine* 21
FP **le tue** *your* (tu) *yours* 28	MP **i tuoi** *your* (tu) *yours* 27	FS **la tua** *your* (tu) *yours* 26	MS **il tuo** *your* (tu) *yours* 25
FP **le nostre** *our* (noi) *ours* 32	MP **i nostri** *our* (noi) *ours* 31	FS **la nostra** *our* (noi) *ours* 30	MS **il nostro** *our* (noi) *ours* 29
bianco *white* *4 flavors* 36	**azzurro** *blue* *4 flavors* 35	MS **giallo** *yellow* *4 flavors* 34	MS **rosso** *red* *4 flavors* 33
arancione MFSP *orange* *2 flavors* 40	**viola** MFSP *purple* *1 flavor* 39	MS/ FS **verde** *green* *2 flavors* 38	MS **nero** *red* *4 flavors* 37

Toolkit Cards: Set #1B

TOOLKIT CARDS

❶ *"I, you, he/she/it, you, we, you, they;"*
❷ *'changed' forms of "to have" and "to be;"* **❸** *"and" and "or"*
The parts of speech: **❶** *subject pronouns* **❷** *conjugations of avere, essere*
❸ *conjunctions*

41 **io** S	42 **tu** S informal	43 **lei** FS	44 **lui** MS
45 **Lei** S formal	46 **noi** P	47 **voi** P	48 **loro** P
49 **ho** S *verb*	50 **hai** S informal *verb*	51 **ha** S *verb*	52 **abbiamo** P *verb*
53 **avete** P *verb*	54 **ha** S formal *verb*	55 **hanno** P *verb*	56 **sono** S *verb*
57 **sei** S informal *verb*	58 **è** S *verb*	59 **siamo** P *verb*	60 **siete** P *verb*
61 **è** S formal *verb*	62 **sono** P *verb*	63 **e**	64 **o**

44 **lui** MS *he/ it (MS)*	**43** **lei** FS *she/ it (FS)*	**42** **tu** S *you (informal)*	**41** **io** S *I*
48 **loro** P *they*	**47** **voi** P *you (plural)*	**46** **noi** P *we*	**45** **Lei** S *you (formal, M F)*
52 **abbiamo** P *we HAVE*	**51** **ha** S *she/ he/ it HAS*	**50** **hai** S *you (inf.) HAVE*	**49** **ho** S *I HAVE*
56 **sono** S *I AM*	**55** **hanno** P *they HAVE*	**54** **ha** S *you (form.) HAVE*	**53** **avete** P *you (pl.) HAVE*
60 **siete** P *you (pl.) ARE*	**59** **siamo** P *we ARE*	**58** **è** S *she/ he/ it IS*	**57** **sei** S *you (inf.) ARE*
64 **o** *or*	**63** **e** *and*	**62** **sono** P *they ARE*	**61** **è** S *you (form.) ARE*

TOOLKIT CARDS

2B

❶ *"his/her, yours, theirs,"*
❷ *"good" and "beautiful"*
These parts of speech are known as: ❶ *possessives* ❷ *adjectives*

65 **il suo** MS	66 **la sua** FS	67 **i suoi** MP	68 **le sue** FP
69 **il vostro** MS	70 **la vostra** FS	71 **i vostri** MP	72 **le vostre** FP
73 **il loro** MS	74 **la loro** FS	75 **i loro** MP	76 **le loro** FP
77 **buona** FS	78 **buone** FP	79 **buono** MS	80 **buoni** MP
81 **bella** FS	82 **belle** FP	83 **bello** MS	84 **belli** MP
85 **bell'** MS	86 **bel** MS	87 **begli** MP	88 **bei** MP

68 **le sue** FP — his/her	**67** **i suoi** MP — his/her	**66** **la sua** FS — his/her	**65** **il suo** MS — his/her
72 **le vostre** FP — your (pl)	**71** **i vostri** MP — your (pl)	**70** **la vostra** FS — your (pl)	**69** **il vostro** MS — your (pl)
76 **le loro** FP — their	**75** **i loro** MP — their	**74** **la loro** FS — their	**73** **il loro** MS — their
80 **buoni** MP — good, nice	**79** **buono** MS — good, nice	**78** **buone** FP — good, nice	**77** **buona** FS — good, nice
84 **belli** MP — handsome, nice	**83** **bello** MS — handsome, nice	**82** **belle** FP — beautiful, pretty	**81** **bella** FS — beautiful, pretty
88 **bei** MP — handsome, nice	**87** **begli** MP — handsome, nice	**86** **bel** MS — handsome, nice	**85** **bell'** MS — handsome, nice

TOOLKIT CARDS

2C

❶ *"your"* ❷ *"this"* ❸ *"very"* ❹ *"other" and amounts*
These <u>parts of speech</u> are known as: ❶ *possessives* ❷ *demonstrative adjectives*
and pronouns ❸ *adverb* ❹ *adjectives*

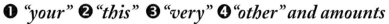

89 **il Suo** _{MS}	**90** **la Sua** _{FS}	**91** **i Suoi** _{MP}	**92** **le Sue** _{FP}
93 **questa** _{FS}	**94** **quest'** _{FS}	**95** **queste** _{FP}	**96** **questi** _{MP}
97 **questo** _{MS}	**98** **quest'** _{MS}	**99** **altro/a/ i/e** *4 flavors*	**100** **molto** *adverb: no change*
101 **tanto/i** _{MS/ MP}	**102** **tanta/e** _{FS/ FP}	**103** **troppo/i** _{MS/ MP}	**104** **troppa/e** _{FS/ FP}
105 **molto** _{MS}	**106** **molti** _{MP}	**107** **molta** _{FS}	**108** **molte** _{FP}
109 **poco** _{MS}	**110** **pochi** _{MP}	**111** **poca** _{FS}	**112** **poche** _{FP}

92 **le Sue** FP *Your (formal)*	**91** **i Suoi** MP *Your (formal)*	**90** **la Sua** FS *Your (formal)*	**89** **il Suo** MS *Your (formal)*
96 **questi** MP *these*	**95** **queste** FP *these*	**94** **quest'** FS *this (before vowels)*	**93** **questa** FS *this*
100 **molto** *very* (adverb: no change)	**99** **altro/a/ i/e** *other* *4 flavors*	**98** **quest'** MS *this (before vowels)*	**97** **questo** MS *this*
104 **troppa/e** FS/ FP *too much*	**103** **troppo/i** MS/ MP *too much*	**102** **tanta/e** FS/ FP *many, a lot*	**101** **tanto/i** MS/ MP *many, a lot*
108 **molte** FP *many, lots*	**107** **molta** FS *many, lots*	**106** **molti** MP *many, lots*	**105** **molto** MS *many, lots*
112 **poche** FP *few, not much*	**111** **poca** FS *few, not much*	**110** **pochi** MP *few, not much*	**109** **poco** MS *few, not much*

TOOLKIT CARDS

2D

❶ locations and positions

These <u>parts of speech</u> are known as: ❶ *prepositions*

113 **a**	114 **per**	115 **di**	116 **da**
117 **in**	118 **tra/ fra**	119 **su**	120 **giù**
121 **con**	122 **senza**	123 **qui/ qua**	124 **lì/ là**
125 **a destra**	126 **a sinistra**	127 **dentro**	128 **fuori**
129 **davanti** (a)	130 **dietro** (a)	131 **accanto** (a)	132 **di fronte** (a)
133 **sopra**	134 **sotto**	135 **vicino** (a)	136 **lontano** (da)

116 **da** *from/ out of*	115 **di** *of*	114 **per** *for*	113 **a** *at/ to*
120 **giù** *down/ below*	119 **su** *on/ up*	118 **tra/ fra** *between*	117 **in** *in/ into*
124 **lì/ là** *there/ over there*	123 **qui/ qua** *here*	122 **senza** *without*	121 **con** *with*
128 **fuori** *outside*	127 **dentro** *inside*	126 **a sinistra** *left/ to the left*	125 **a destra** *right/ to the right*
132 **di fronte(a)** *opposite*	131 **accanto(a)** *beside/ next to*	130 **dietro(a)** *behind*	129 **davanti(a)** *in front (of)*
136 **lontano(da)** *far/ far from*	135 **vicino(a)** *near/ near to*	134 **sotto** *below/ under*	133 **sopra** *above/ over*

TOOLKIT CARDS

2E

❶ *Changed forms of "to do/ to make," "to go,"*
"to exit/ to go out;" ❷ *"it's OK"*
The parts of speech: ❶ *conjugations of fare,*
andare, uscire ❷ *phrases of agreement*

137 **faccio** S · *verb*	138 **fai** S · informal · *verb*	139 **fa** S · *verb*	140 **facciamo** P · *verb*
141 **fate** P · *verb*	142 **fanno** P · *verb*	143 **vado** S · *verb*	144 **vai** S · informal · *verb*
145 **va** S · *verb*	146 **andiamo** P · *verb*	147 **andate** P · *verb*	148 **vanno** P · *verb*
149 **esco** S · *verb*	150 **esci** S · informal · *verb*	151 **esce** S · *verb*	152 **usciamo** P · *verb*
153 **uscite** P · *verb*	154 **escono** P · *verb*	155 **va bene**	156 **d'accordo**

140 **facciamo**	139 **fa**	138 **fai**	137 **faccio**
P *we DO/ MAKE*	S *he/ she/ it DOES/ MAKES you (form.) DO/MAKE*	S *you (inf.) DO/ MAKE*	S *I DO/ MAKE*
144 **vai**	143 **vado**	142 **fanno**	141 **fate**
S *you (inf.) GO*	S *I GO*	P *they DO/ MAKE*	P *you (pl.) DO/ MAKE*
148 **vanno**	147 **andate**	146 **andiamo**	145 **va**
P *they GO*	P *you (pl.) GO*	P *we GO*	S *he/ she/ it GOES you (form.) GO*
152 **usciamo**	151 **esce**	150 **esci**	149 **esco**
P *we GO OUT*	S *he/ she/ it GOES OUT you (form.) GO OUT*	S *you (inf.) GO OUT*	S *I GO OUT*
156 **d'accordo**	155 **va bene**	154 **escono**	153 **uscite**
OK; agreed	*OK; it's fine*	P *they GO OUT*	P *you (pl.) GO OUT*

TOOLKIT CARDS

2F

❶ *General words for categories* ❷ *Question words*
❸ *"like/ to be pleasing"*
The parts of speech: ❶ *Indefinite pronouns* ❷ *interrogatives* ❸ *"piacere"*

157 **tutto**	158 **niente**	159 **tutti**	160 **nessuno**
161 **qualcosa**	162 **qualcuno**	163 **perché?**	164 **come mai?**
165 **come?**	166 **dove?**	167 **quando?**	168 **quanto?**
169 **quale/i?** S/ P	170 **chi?**	171 **quanto/a?** MS/ FS	172 **quanti/e?** MP/ FP
173 **che cosa?** **che? cosa?**	174 (for *io*) **mi piace** S	175 (for *io*) **mi piacciono** P	176 (for *tu*) **ti piace/ piacciono** S/ P
177 (for *voi*) **vi piace/ piacciono** S/ P	178 (for *noi*) **ci piace/ piacciono** S/ P	179 (for *lei*) **le piace/ piacciono** S/ P	180 (for *lui/loro*) **gli piace/ piacciono** S/ P

160	159	158	157
nessuno	**tutti**	**niente**	**tutto**
no one/ nobody	*everyone/ everybody*	*nothing*	*everything*

164	163	162	161
come mai?	**perché?**	**qualcuno**	**qualcosa**
how come?/ why?	*why?/because*	*someone*	*something*

168	167	166	165
quanto?	**quando?**	**dove?**	**come?**
how much?/how many?	*when?*	*where?*	*how?/what?*

172	171	170	169
quanti/e?	**quanto/a?**	**chi?**	**quale/i?**
how much?/how many? MP/ FP	*how much?/how many?* MS/ FS	*who?/whom?*	*which?/which one(s)?* S/ P

176 (for *tu*)	175 (for *io*)	174 (for *io*)	173
ti piace/ piacciono	**mi piacciono**	**mi piace**	**che cosa?/ che?/cosa?**
you like it/ them	*I like them/ they are pleasing to me* **P** *(based on what's liked)*	*I like it/ it is pleasing to me* **S** *(based on what's liked)*	*what?*

180 (for *lui/ loro*)	179 (for *lei*)	178 (for *noi*)	177 (for *voi*)
gli piace/ piacciono	**le piace/ piacciono**	**ci piace/ piacciono**	**vi piace/ piacciono**
he/ they like it/ them	*she likes it/ them*	*we like it/ them*	*you PL like it/ them*

TOOLKIT CARDS

❶ Common Expressions with *avere* and *fare*
These parts of speech are known as: **❶** *idiomatic phrases*

181 **avere** *(number)* **anni**	182 **avere** **sonno**	183 **avere** **ragione**	184 **avere** **torto**
185 **avere fame**	186 **avere** **sete**	187 **avere caldo**	188 **avere** **freddo**
189 **avere** **fretta**	190 **avere** **bisogno** **di**	191 **avere** **voglia** **di**	192 **avere paura** **di**
193 **fare due** **passi**	194 **fare la** **spesa**	195 **fare due** **chiacchiere**	196 **fare** **tardi**
197 **fare** **un affare**	198 **fare** **un giro**	199 **fare bella** **figura**	200 **fare** **schifo**

Toolkit Cards: Set #3A

184	183	182	181
to be wrong/ incorrect **avere torto**	*to be right/ correct* **avere ragione**	*to be sleepy* **avere sonno**	*to be ___ years old* **avere (number) anni**
188	187	186	185
to be cold **avere freddo**	*to be hot* **avere caldo**	*to be thirsty* **avere sete**	*to be hungry* **avere fame**
192	191	190	189
to be afraid of **avere paura di**	*to want/ crave* **avere voglia di**	*to need* **avere bisogno di**	*to be in a hurry* **avere fretta**
196	195	194	193
to be late/ stay up or stay out late **fare tardi**	*to chat, catch up* **fare due chiacchiere**	*to go (grocery) shopping* **fare la spesa**	*to take a stroll* **fare due passi**
200	199	198	197
to be disgusting/ to gross out **fare schifo**	*to make a good impression* **fare bella figura**	*to go for a drive* **fare un giro**	*to get a bargain/ make a good deal* **fare un affare**

TOOLKIT CARDS 3B

❶ *"from (the)" "to/ at (the)"* **❷** *"that and those"*
These parts of speech are known as: **❶** *articulated prepositions or prepositional articles* **❷** *demonstrative adjectives and pronouns*

201 **dalla** FS	202 **dall'** FS	203 **dalle** FP	204 **dal** MS
205 **dallo** MS	206 **dall'** MS	207 **dagli** MP	208 **dai** MP
209 **alla** FS	210 **all'** FS	211 **alle** FP	212 **al** MS
213 **allo** MS	214 **all'** MS	215 **agli** MP	216 **ai** MP
217 **quella** FS	218 **quell'** FS	219 **quelle** FP	220 **quel** MS
221 **quello** MS	222 **quell'** MS	223 **quegli** MP	224 **quei** MP

204 **dal** MS *from the*	203 **dalle** FP *from the*	202 **dall'** FS *from the (before vowels)*	201 **dalla** FS *from the*
208 **dai** MP *from the*	207 **dagli** MP *from the(before s+con, z, vowels)*	206 **dall'** MS *from the (before vowels)*	205 **dallo** MS *from the (before s+con and z)*
212 **al** MS *to the/ at the*	211 **alle** FP *to the/ at the*	210 **all'** FS *to the/ at the(before vowels)*	209 **alla** FS *to the/ at the*
216 **ai** MP *to the/ at the*	215 **agli** MP *to the/ at the (before s+con, z, vowels)*	214 **all'** MS *to the/ at the (before vowels)*	213 **allo** MS *to the/ at the (before s+con and z)*
220 **quel** MS *that*	219 **quelle** FP *those*	218 **quell'** FS *that (only before vowels)*	217 **quella** FS *that*
224 **quei** MP *those*	223 **quegli** MP *those (only before s+con, z, vowels)*	222 **quell'** MS *that (only before vowels)*	221 **quello** MS *that (only before s+con and z)*

Toolkit Cards: Set #3B

TOOLKIT CARDS

3C

❶ *"of the," "on the," "in the"*
These parts of speech are known as: ❶ *articulated prepositions or*
prepositional articles

225 **della** FS	226 **dell'** FS	227 **delle** FP	228 **del** MS
229 **dello** MS	230 **dell'** MS	231 **degli** MP	232 **dei** MP
233 **sulla** FS	234 **sull'** FS	235 **sulle** FP	236 **sul** MS
237 **sullo** MS	238 **sull'** MS	239 **sugli** MP	240 **sui** MP
241 **nella** FS	242 **nell'** FS	243 **nelle** FP	244 **nel** MS
245 **nello** MS	246 **nell'** MS	247 **negli** MP	248 **nei** MP

228	227	226	225
del	**delle**	**dell'**	**della**
MS *some, of/ about the*	FP *some, of/ about the*	FS *some, of/ about the(before vowels)*	FS *some, of/ about the*

232	231	230	229
dei	**degli**	**dell'**	**dello**
MP *some, of/ about the*	MP *some, of/ about the (before s+con, z, vowels)*	MS *some, of/ about the (before vowels)*	MS *some, of/ about the (before s+con and z)*

236	235	234	233
sul	**sulle**	**sull'**	**sulla**
MS *on/ about the*	FP *on/ about the*	FS *on/ about the (before vowels)*	FS *on/ about the*

240	239	238	237
sui	**sugli**	**sull'**	**sullo**
MP *on/ about the*	MP *on/ about the (before s+con, z, vowels)*	MS *on/ about the (before vowels)*	MS *on/ about the (before s+con and z)*

244	243	242	241
nel	**nelle**	**nell'**	**nella**
MS *into/ in the*	FP *into/ in the*	FS *into/ in the (before vowels)*	FS *into/ in the*

248	247	246	245
nei	**negli**	**nell'**	**nello**
MP *into/ in the*	MP *into/ in the (before s+con, z, vowels)*	MS *into/ in the (before vowels)*	MS *into/ in the (before s+con and z)*

TOOLKIT CARDS 3D

❶ *Verb families and ending changes*
These parts of speech are known as:
❶ *infinitives and verb conjugations*

249 "infinitive end- ing": *-are* family *-are*	250 "infinitive end- ing": *-ere* family *-ere*	251 "infinitive end- ing": *-ire* family *-ire*	252 **STEM:** shows *what* the action is (1st part of verb)
253 **CONJUGATED ENDING:** shows *who/ what does* the action (last letters of verb)	254 *-are* family "resemblance": parl<u>a</u>, parl<u>a</u>te parl<u>a</u>no *-are*	255 *-ere* family "resemblance": scriv<u>e</u>, scriv<u>e</u>te *-ere*	256 *-ire* family "resemblance": dorm<u>i</u>te *-ire*
257 *-a* ending LUI/LEI *-are*	258 *-e* ending LUI/LEI *-ere* *-ire*	259 *-ate* ending VOI *-are*	260 *-ete* ending VOI *-ere*
261 *-ite* ending VOI *-ire*	262 *-ano* ending LORO *-are*	263 *-ono* ending LORO *-ere* *-ire*	264 **TENSE:** shows *when* of the action
265 *-o* ending IO *-are* *-ere* *-ire*	266 *-i* ending TU *-are* *-ere* *-ire*	267 *-iamo* ending NOI *-are* *-ere* *-ire*	268 **INFINITIVE:** "dictionary" form of the verb

252 **STEM: shows _what_ the action is (1ˢᵗ part of verb)** PARLare= to talk VEDere= to see DORMire= to sleep	**251** **infinitive ending:** **_-ire_** **"family"** **dormire, sentire, capire, finire** _-ire_	**250** **infinitive ending:** **_-ere_** **"family"** vedere, credere, ricevere, chiedere **_-ere_**	**249** **infinitive ending:** **_-are_** **"family"** **parlare, contare, stare, ballare** _-are_
256 **_-ire_** **family** **"resemblance":** **dorm<u>i</u>te** _-ire_	**255** **_-ere_** **family** **"resemblance":** **scriv<u>e</u>** **scriv<u>e</u>te** _-ere_	**254** **_-are_** **family** **"resemblance":** **parl<u>a</u>** **parl<u>a</u>te** **parl<u>a</u>no** _-are_	**253** **CONJUGATED ENDING:** **shows _who/ what does_ the action (last letters of verb)** IO parlO, TU dormI
260 **_-ete_** **ending** **VOI** voi credETE _-ere_	**259** **_-ate_** **ending** **VOI** voi parlATE _-are_	**258** **_-e_** **ending** **LUI/LEI** lei scrivE, lui dormE _-ere_ _-ire_	**257** **_-a_** **ending** **LUI/LEI** lui cantA, lei mangiA _-are_
264 **TENSE:** **shows _when_ of the action** mangio (I eat) ho mangiato (I ate)	**263** **_-ono_** **ending** **LORO** loro ridONO _-ere_ _-ire_	**262** **_-ano_** **ending** **LORO** loro parlANO _-are_	**261** **_-ite_** **ending** **VOI** voi sentITE _-ire_
268 **INFINITIVE:** **"dictionary" form of the verb** camminare= to walk finire=to finish sapere=to know	**267** **_-iamo_** **ending** **NOI** NOI scrivIAMO, NOI contIAMO _-are_ _-ere_ _-ire_	**266** **_-i_** **ending** **TU** TU dormI, Tu BallI _-are_ _-ere_ _-ire_	**265** **_-o_** **ending** **IO** IO cantO, IO sentO _-are_ _-ere_ _-ire_

Toolkit Cards: Set #3D

TOOLKIT CARDS

❶ *Changed forms of "to give," "to say/ to tell,"*
"to come;" ❷ "I don't know," "it's (not) true"
The parts of speech: ❶ *conjugations of irregular*
verbs: dire, dare, fare ❷ *common expressions*

269 **do** S *verb*	270 **dai** S informal *verb*	271 **dà** S *verb*	272 **diamo** P *verb*
273 **date** P *verb*	274 **danno** P *verb*	275 **dico** S *verb*	276 **dici** S informal *verb*
277 **dice** S *verb*	278 **diciamo** P *verb*	279 **dite** P *verb*	280 **dicono** P *verb*
281 **vengo** S *verb*	282 **vieni** S informal *verb*	283 **viene** S *verb*	284 **veniamo** P *verb*
285 **venite** P *verb*	286 **vengono** P *verb*	287 **boh!**	288 **(non) è vero**

272 **diamo** P *we GIVE*	**271** **dà** S *she/ he/ it GIVES* *you (form.) GIVE*	**270** **dai** S *you (inf.) GIVE*	**269** **do** S *I GIVE*
276 **dici** S *you (inf.) SAY*	**275** **dico** S *I SAY*	**274** **danno** P *they GIVE*	**273** **date** P *you (pl.) GIVE*
280 **dicono** P *they SAY*	**279** **dite** P *you (pl.) SAY*	**278** **diciamo** P *we SAY*	**277** **dice** S *she/ he/ it SAYS* *you (form.) SAY*
284 **veniamo** P *we COME*	**283** **viene** S *she/ he/ it COMES* *you (form.) COME*	**282** **vieni** S *you (inf.) COME*	**281** **vengo** S *I COME*
288 **(non) è vero** *it's (not) true*	**287** **boh!** *I don't know*	**286** **vengono** P *they COME*	**285** **venite** P *you (pl.) COME*

TOOLKIT CARDS

3F

❶ *Changed forms of "to drink," "to clean,"*
"to have fun/ have a good time;"
❷ *"wow!," "I can't wait (to)...."*

The parts of speech: ❶ *conjugations of irregular verbs: bere, pulire, divertirsi* ❷ *common expressions*

289 **bevo** S *verb*	290 **bevi** S informal *verb*	291 **beve** S *verb*	292 **beviamo** P *verb*
293 **bevete** P *verb*	294 **bevono** P *verb*	295 **pulisco** S *verb*	296 **pulisci** S informal *verb*
297 **pulisce** S *verb*	298 **puliamo** P *verb*	299 **pulite** P *verb*	300 **puliscono** P *verb*
301 **mi diverto** S *verb*	302 **ti diverti** S informal *verb*	303 **si diverte** S *verb*	304 **ci divertiamo** P *verb*
305 **vi divertite** P *verb*	306 **si divertono** P *verb*	307 **caspita!**	308 **non vedo l'ora (di)**...

292 **beviamo** P *we DRINK*	**291** **beve** S *she/he/it DRINKS* *you (form.) DRINK*	**290** **bevi** S *you (inf.) DRINK*	**289** **bevo** S *I DRINK*
296 **puli<u>sci</u>** S *you (inf.) CLEAN*	**295** **puli<u>sco</u>** S *I CLEAN*	**294** **bevono** P *they DRINK*	**293** **bevete** P *you (pl.) DRINK*
300 **puli<u>scono</u>** P *they CLEAN*	**299** **pulite** P *you (pl.) CLEAN*	**298** **puliamo** P *we CLEAN*	**297** **puli<u>sce</u>** S *she/he/it CLEANS* *you (form.) CLEAN*
304 **ci divertiamo** P *we HAVE FUN*	**303** **si diverte** S *she/he/it* *HAS FUN* *you (form.) HAVE FUN*	**302** **ti diverti** S *you (inf.) HAVE* *FUN*	**301** **mi diverto** S *I HAVE FUN*
308 **non vedo l'ora (di)...** *I can't wait (to)...*	**307** **caspita!** *wow!*	**306** **si divertono** P *they HAVE FUN*	**305** **vi divertite** P *you (pl.) HAVE* *FUN*

TOOLKIT CARDS 3G

Telling time

309 di / del	pomeriggio	310 le *(hour)* e	mezzo mezza trenta	311 le *(hour)* e	un quarto quindici
312 le *(hour)* e	tre-quarti quarant- acinque	313 le *(hour)* meno	un quarto quindici	314 È	mezzogiorno mezzanotte l'una
315 fra tra in	un'ora	316			
317 Che ora è?	318 Che ore sono?	319 l'orario	320 Sono le *(hour)*
321 le *(hour)* e *(minutes)*	322 le *(hour)* meno *(minutes)*	323 una mezz'ora	324 di mattina
325 di sera	326 di notte	327 dalle *(time)* alle *(time)*	328 un quarto d'ora
329 A che ora____?	330 alle *(time)*	331 È ora di *(infinitive)*.	332 fino alle *(time)*

quarter after fifteen	311 (hour)	half-past thirty	310 (hour)		p.m. (in the) afternoon	309 in the
noon midnight one	314 It's	quarter to fifteen to	313 (hour)	forty-five	312 (hour)	
316				an hour	315 in	

320 It's (hour)	319 schedule/ timetable	318 What time is it?	317 What time is it?
324 a.m. (in the) morning	323 a half hour	322 (hour)(minutes less than 20) Ex: 4:40, 12: 10, 6:05	321 (hour)(minutes up to 45) Ex: 3:10, 12: 35, 6:27
328 a quarter of an hour; fifteen minutes	327 from (time) to (time)	326 p.m.(in the) night	325 p.m. (in the) evening
332 until (time)	331 It's time to (infinitive).	330 at (time)	329 At what time/ When...

TOOLKIT CARDS

4A

❶ *Changed forms of "to know,"*
"to understand," "to choose;"
❷ *"me too," "me neither"*

The parts of speech: ❶*conjugations of irregular verbs: sapere, capire, scegliere* ❷*common expressions*

333 **so** S *verb*	334 **sai** S informal *verb*	335 **sa** S *verb*	336 **sappiamo** P *verb*
337 **sapete** P *verb*	338 **sanno** P *verb*	339 **capisco** S *verb*	340 **capisci** S informal *verb*
341 **capisce** S *verb*	342 **capiamo** P *verb*	343 **capite** P *verb*	344 **capiscono** P *verb*
345 **scelgo** S *verb*	346 **scegli** S informal *verb*	347 **sceglie** S *verb*	348 **scegliamo** P *verb*
349 **scegliete** P *verb*	350 **scelgono** P *verb*	351 **anch'io**	352 **neanch'io**

336 **sappiamo** P *we KNOW*	335 **sa** S *she/he/it KNOWS* *you (form.) KNOW*	334 **sai** S *you (inf.) KNOW*	333 **so** S *I KNOW*
340 **capisci** S *you (inf.)* *UNDERSTAND*	339 **capisco** S *I UNDERSTAND*	338 **sanno** P *they KNOW*	337 **sapete** P *you (pl.) KNOW*
344 **capiscono** P *they* *UNDERSTAND*	343 **capite** P *you (pl.)* *UNDERSTAND*	342 **capiamo** P *we* *UNDERSTAND*	341 **capisce** S *she/he/it* *UNDERSTANDS* *you (form.)* *UNDERSTAND*
348 **scegliamo** P *we CHOOSE*	347 **sceglie** S *she/he/it* *CHOOSES* *you (form.) CHOOSE*	346 **scegli** S *you (inf.) CHOOSE*	345 **scelgo** S *I CHOOSE*
352 **neanch'io** *me neither*	351 **anch'io** *me too*	350 **scelgono** P *they CHOOSE*	349 **scegliete** P *you (pl.) CHOOSE*

Toolkit Cards: Set #4A

TOOLKIT CARDS

Words to say how often (frequency), etc.

353 **quante volte...?**	354 **sempre**	355 **di solito**	356 **spesso**
357 **quando?**	358 **qualche volta**	359 **ogni tanto**	360 **non... mai**
361 **la mattina**	362 **il pomeriggio**	363 **la sera**	364 **la notte**
365 **ogni giorno**	366 **ogni mese**	367 **ogni anno**	368 **tutti i giorni**
369 **una volta all'anno**	370 **tutte le mattine**	371 **tutte le sere**	372 **una volta al mese**
373 **a giorni alterni**	374 **alle** *(hour)*	375 **prima delle** *(hour)*	376 **dopo le** *(hour)*

356 ***often*** balliamo spesso	355 ***usually*** non canta di solito	354 ***always*** Mangio sempre!	353 ***how many times*** quante volte vai?
360 ***never*** non pulisco mai	359 ***once in a while*** ogni tanto correte	358 ***sometimes*** qualche volta bevo	357 ***when?*** quando ascolti?
364 ***all night/ overnight*** dorme tutta la notte	363 ***in the evening*** usciamo la sera	362 ***in the afternoon*** lavorono il pomeriggio	361 ***in the morning*** mi sveglio presto la mattina
368 ***each and every day*** lavorano tutti i giorni	367 ***each/ every year*** ogni anno andiamo in vacanza	366 ***each/ every month*** ogni mese pago i conti	365 ***each/ every day*** ogni giorno va a scuola
372 ***once a month*** fa la spesa una volta al mese	371 ***every evening/ each and every evening*** guarda tutte le sere	370 ***every morning/ each and every morning*** parti tutte le mattine	369 ***once a year*** ci vado una volta all'anno
376 ***after ___ o'clock*** arrivano dopo le nove	375 ***before ___ o'clock*** partono prima delle tredici	374 ***at ____ o'clock*** alle otto esce	373 ***every other day*** guida a giorni alterni

TOOLKIT CARDS

4C

❶ *changed forms of "must," "can,"*
"want," "prefer"
The parts of speech: ❶ *conjugations of modal verbs:*
dovere, potere, volere ❷ *conjugation of "-isc-" verb preferire*

377 **devo**	378 **devi**	379 **deve**	380 **dobbiamo**
381 **dovete**	382 **devono**	383 **posso**	384 **puoi**
385 **può**	386 **possiamo**	387 **potete**	388 **possono**
389 **voglio**	390 **vuoi**	391 **vuole**	392 **vogliamo**
393 **volete**	394 **vogliono**	395 **preferisco**	396 **preferisci**
397 **preferisce**	398 **preferiamo**	399 **preferite**	400 **preferis- cono**
401 **dovere** irregular	402 **potere** irregular	403 **volere** irregular	404 **preferire** -isc-

380 **dobbiamo** *we have to/ MUST*	379 **deve** *he/she/it/You (formal) has to/MUST*	378 **devi** *you (informal) have to/ MUST*	377 **devo** *I have to/ MUST*
384 **puoi** *you (informal) CAN/ are able to*	383 **posso** *I CAN/ am able to*	382 **devono** *they have to/ MUST*	38 **dovete** *you (plural) have to/ MUST*
388 **possono** *they CAN/ are able to*	387 **potete** *you (plural) CAN/ are able to*	386 **possiamo** *we CAN/ are able to*	385 **può** *he/she/it CAN/ is able to*
392 **vogliamo** *we WANT (to)*	391 **vuole** *he/she/it, you (form.) WANTS (to)*	390 **vuoi** *you (inform.) WANT (to)*	389 **voglio** *I WANT (to)*
396 **preferisci** *you (informal) PREFER (to)*	395 **preferisco** *I PREFER (to)*	394 **vogliono** *they WANT (to)*	393 **volete** *you (plural) WANT (to)*
400 **preferiscono** *they PREFER (to)*	399 **preferite** *you (plural) PREFER (to)*	398 **preferiamo** *we PREFER (to)*	397 **preferisce** *he/she/it , you (formal) PREFERS (to)*
404 **preferire** *to PREFER (to)* -IRE family -isc- verb	403 **volere** *to WANT (to)* irreg. "helper verb"	402 **potere** *to be able to, CAN* irreg. "helper verb"	401 **dovere** *to have to, MUST* irreg. "helper verb"

TOOLKIT CARDS 4D

❶ *Verbal Shorthand: "it," "them,"* ❷ *"to me," "to you," "to us," "to you (pl),"*
"to him/ to them," "to her," "to You," ❸ *"there/ that place," "of it/ of them"*
❹*expressive symbols*

The parts of speech: ❶ *direct object pronouns* ❷ *indirect object pronouns* ❸ `particle' pronouns*
❹ *punctuation marks*

405 **lo** MS	406 **la** FS	407 **li** MP	408 **le** FP
409 **mi** MS, FS	410 **ti** MS, FS	411 **ci** MP, FP	412 **vi** MP, FP
413 **gli** MS, MP, FP	414 **le** FS	415 **Le** MS, FS	416 **€**
417 **ci**	418 **ne**	419 **?** *punto interrogativo*	420 **!** *punto esclamativo*
421 **<<** *virgolette*	422 **>>** *virgolette*	423 **,** *virgola*	424 **.** *punto*

408 **le** FP · *them*	**407** **li** MP · *them*	**406** **la** FS · *it*	**405** **lo** MS · *it*
412 **vi** MP, FP · *to you (pl)*	**411** **ci** MP, FP · *to us*	**410** **ti** MS, FS · *to you*	**409** **mi** MS, FS · *to me*
416 € *euro*	**415** **Le** MS, FS *to You (formal)*	**414** **le** FS · *to her*	**413** **gli** MS, MP, FP *to him/ to them*
420 **!** *exclamation point*	**419** **?** *question mark*	**418** **ne** *of it/them*	**417** **ci** *there/ at this/that place*
424 • *period*	**423** , *comma*	**422** >> *closing quotation marks*	**421** << *opening quotation marks*

Toolkit Cards: Set #4D

TOOLKIT CARDS 4E

"Time marker" words to signal action in the past, present, or future

425 **oggi**	426 **ieri** *past*	427 **domani** *future*	428 **dopodomani** *future*
429 **avant'ieri** *past*	430 **il mese prossimo** *future*	431 **il mese scorso** *past*	432 **il mese passato** *past*
433 **l'altro ieri** *past*	434 **già** *past*	435 **entre un giorno**	436 **nel 2010**
437 **adesso**	438 **tra/ fra poco**	439 1. ora 2. giorno 3. settimana 4. mese 5. anno 6. secolo	440 **mai**
441 **una settimana fa** *past*	442 **fra/tra una settimana**	443 **dopo una settimana**	444 **in una settimana**

428 **dopodomani** *day after tomorrow*	427 **domani** *tomorrow*	426 **ieri** *yesterday*	425 **oggi** *today*
432 **[il mese] passato** *last [month]*	431 **[il mese] scorso** *last [month]*	430 **[il mese] prossimo** *next [month]*	429 **avant'ieri** *day before yester-day*
436 **nel 2010** *in (the year) 2010*	435 **entro [un giorno]** *within [a day]*	434 **già** *already*	433 **l'altro ieri** *the other day*
440 **mai** *ever* *(non... mai = never)*	439 1. hour/ now 2. day 3. week 4. month 5. year 6. century	438 **tra/ fra poco** *soon/ before long*	437 **adesso** *now*
444 **non** *(verb)* **mai** *never*	443 **dopo [una settimana]** *after [a week]*	442 **fra/tra [una settimana]** *in [a week]*	441 **[una setti-mana] fa** *[a week] ago*

❶ *'Changed' forms of "to remain/ stay,"*
"to climb/ go up," "to replace;"
❷ *"really," "darn it!"*

The parts of speech: ❶ *conjugations of rimanere, salire, sostituire* ❷ *common exclamations*

445 **rimango** S *verb*	446 **rimani** S informal *verb*	447 **rimane** S *verb*	448 **rimaniamo** P *verb*
449 **rimanete** P *verb*	450 **rimangono** P *verb*	451 **salgo** S *verb*	452 **sali** S informal *verb*
453 **sale** S *verb*	454 **saliamo** P *verb*	455 **salite** P *verb*	456 **salgono** P *verb*
457 **sostituisco** S *verb*	458 **sostituisci** S informal *verb*	459 **sostituisce** S *verb*	460 **sostituiamo** P *verb*
461 **sostituite** P *verb*	462 **sostituiscono** P *verb*	463 **davvero**	464 **accidenti!**

448 **rimaniamo** P _we REMAIN_	447 **rimane** S _she/he/it STAYS you (form.) STAY_	446 **rimani** S _you (inf.) REMAIN/ STAY_	445 **rimango** S _I REMAIN/ STAY_
452 **sali** S _you (inf.) CLIMB_	451 **salgo** S _I CLIMB_	450 **rimangono** P _they REMAIN_	449 **rimanete** P _you (pl.) STAY_
456 **salgono** P _they CLIMB_	455 **salite** P _you (pl.) CLIMB_	454 **saliamo** P _we CLIMB_	453 **sale** S _she/he/it CLIMBS you (form.) CLIMB_
460 **sostituiamo** P _we REPLACE_	459 **sostituisce** S _she/he/it REPLACES you (form.) REPLACE_	458 **sostituisci** S _you (inf.) REPLACE_	457 **sostituisco** S _I REPLACE_
464 **accidenti!** _darn it!_	463 **davvero** _really; truly_	462 **sostituiscono** P _they REPLACE_	461 **sostituite** P _you (pl.) REPLACE_

Phrases for communicating opinions, reactions, and plans

465 **secondo me**	466 **nella mia opinione**	467 **penso di** *(infinitive)*	468 **spero di** *(infinitive)*
469 **da quanto tempo (tu...)**	470 **per quanto tempo (tu...)**	471 **credo di sì/ no**	472 **penso di sì/ no**
473 **magari!**	474 **purtroppo**	475 **come mai?**	476 **meno male**
477 **voglio dire...**	478 **senz'altro**	479 **eccome!**	480 **che ne dici** (di + infinitive)
481 **capirai!**	482 **anzi**	483 **per carità!**	484 **mi raccomando**
485 **non mi va**	486 **(non) essere d'accordo**	487 **(non) essere contro**	488 **era/ erano**

468 **spero di** *I hope to (infinitive)*	467 **penso di** *I'm thinking about/ I plan to (infinitive)*	466 **nella mia opinione** *in my opinion*	465 **secondo me** *in my opinion/ according to me*
472 **penso di sì/ no** *I think so/ not*	471 **credo di sì/ no** *I believe so/ not*	470 **per quanto tempo (tu...)** *For how long (are you)....*	469 **da quanto tempo (tu...)** *How long (have you been)....*
476 **meno male!** *thank goodness!*	475 **come mai?** *how come?*	474 **purtroppo** *unfortunately*	473 **magari!** *If only! I wish!*
480 **che ne dici** *(di + infinitive) what do you say (about doing...)*	479 **eccome!** *and how! certainly!*	478 **senz'altro** *certainly*	477 **voglio dire...** *I mean to say....*
484 **mi racco- mando** *don't forget!*	483 **per carità!** *oh brother!/ for goodness sake!*	482 **anzi** *on the contrary*	481 **capirai!** *you're kidding!/ big deal!*
488 **era/erano** *was/ were (to describe back- ground info in past)*	487 **(non) essere contro** *to (not) be against*	486 **(non) essere d'accordo** *to (not) agree*	485 **non mi va** *I don't feel like it/ it doesn't appeal to me*

TOOLKIT CARDS

AA

Actions in the past: the second word or
"WHAT HAPPENED" piece

Part of speech: the past participle for verbs that take the auxiliary verb avere

489 **visto** *Fase 1* avere *(who)* + pp	490 **preso** *Fase 1* avere *(who)* + pp	491 **portato** *Fase 1* avere *(who)* + pp	492 **messo** *Fase 1* avere *(who)* + pp
493 **chiuso** *Fase 1* avere *(who)* + pp	494 **aperto** *Fase 1* avere *(who)* + pp	495 **cercato** *Fase 1* avere *(who)* + pp	496 **trovato** *Fase 1* avere *(who)* + pp
497 **avuto** *Fase 2* avere *(who)* + pp	498 **fatto** *Fase 2* avere *(who)* + pp	499 **presentato** *Fase 2* avere *(who)* + pp	500 **desiderato** *Fase 2* avere *(who)* + pp
501 **ordinato** *Fase 2* avere *(who)* + pp	502 **telefonato** *Fase 2* avere *(who)* + pp	503 **camminato** *Fase 2* avere *(who)* + pp	504 **parlato** *Fase 2* avere *(who)* + pp
505 **pensato** *Fase 2* avere *(who)* + pp	506 **aspettato** *Fase 2* avere *(who)* + pp	507 **guardato** *Fase 2* avere *(who)* + pp	508 **passato** *Fase 2* avere *(who)* + pp
509 **chiamato** *Fase 2* avere *(who)* + pp	510 **dato** *Fase 3* avere *(who)* + pp	511 **detto** *Fase 3* avere *(who)* + pp	512 **litigato** *Fase 3* avere *(who)* + pp

492 **messo** *Fase 1* PUT *mettere*	491 **portato** *Fase 1* BROUGHT/ WORE *portare*	490 **preso** *Fase 1* TOOK/PICKED UP *prendere*	489 **visto** *Fase 1* SAW *vedere*
496 **trovato** *Fase 1* FOUND *trovare*	495 **cercato** *Fase 1* SEARCHED/ LOOKED FOR *cercare*	494 **aperto** *Fase 1* OPENED *aprire*	493 **chiuso** *Fase 1* CLOSED *chiudere*
500 **desiderato** *Fase 2* DESIRED *desiderare*	499 **presentato** *Fase 2* PRESENTED *presentare*	498 **fatto** *Fase 2* DID/ MADE *fare*	497 **avuto** *Fase 2* HAD *avere*
504 **parlato** *Fase 2* SPOKE/ TOLD *parlare*	503 **camminato** *Fase 2* WALKED *camminare*	502 **telefonato** *Fase 2* PHONED *telefonare*	501 **ordinato** *Fase 2* ORDERED *ordinare*
508 **passato** *Fase 2* HANDED/ PASSED (something) *passare*	507 **guardato** *Fase 2* WATCHED *guardare*	506 **aspettato** *Fase 2* WAITED *aspettare*	505 **pensato** *Fase 2* THOUGHT *pensare*
512 **litigato** *Fase 3* ARGUED/ FOUGHT *litigare*	511 **detto** *Fase 3* SAID *dire*	510 **dato** *Fase 3* GAVE *dare*	509 **chiamato** *Fase 2* CALLED *chiamare*

TOOLKIT CARDS BB

Actions in the past: the second word or
"WHAT HAPPENED" piece

Part of speech: the past participle for verbs that take the auxiliary verb avere

513 **cucinato** *Fase 3* avere *(who)* + pp	514 **mangiato** *Fase 3* avere *(who)* + pp	515 **bevuto** *Fase 3* avere *(who)* + pp	516 **abitato** *Fase 3* avere *(who)* + pp
517 **incontrato** *Fase 3* avere *(who)* + pp	518 **lavorato** *Fase 3* avere *(who)* + pp	519 **pulito** *Fase 3* avere *(who)* + pp	520 **offerto** *Fase 3* avere *(who)* + pp
521 **ricevuto** *Fase 3* avere *(who)* + pp	522 **alzato** *Fase 3* avere *(who)* + pp	523 **svegliato** *Fase 3* avere *(who)* + pp	524 **vestito** *Fase 3* avere *(who)* + pp
525 **dormito** *Fase 3* avere *(who)* + pp	526 **preparato** *Fase 3* avere *(who)* + pp	527 **insegnato** *Fase 4* avere *(who)* + pp	528 **imparato** *Fase 4* avere *(who)* + pp
529 **guadagnato** *Fase 4* avere *(who)* + pp	530 **sbagliato** *Fase 4* avere *(who)* + pp	531 **studiato** *Fase 4* avere *(who)* + pp	532 **ascoltato** *Fase 4* avere *(who)* + pp
533 **spiegato** *Fase 4* avere *(who)* + pp	534 **contato** *Fase 4* avere *(who)* + pp	535 **giocato** *Fase 4* avere *(who)* + pp	536 **scherzato** *Fase 4* avere *(who)* + pp

516 **abitato**	515 **bevuto**	514 **mangiato**	513 **cucinato**
Fase 3 LIVED *abitare*	Fase 3 DRANK *bere*	Fase 3 ATE *mangiare*	Fase 3 COOKED *cucinare*
520 **offerto**	519 **pulito**	518 **lavorato**	517 **incontrato**
Fase 3 OFFERED *offrire*	Fase 3 CLEANED *pulire*	Fase 3 WORKED *lavorare*	Fase 3 MET *incontrare*
524 **vestito**	523 **svegliato**	522 **alzato**	521 **ricevuto**
Fase 3 DRESSED *vestire*	Fase 3 AWAKENED/ WOKE UP *svegliare*	Fase 3 LIFTED/ RAISED *alzare*	Fase 3 RECEIVED *ricevere*
528 **imparato**	527 **insegnato**	526 **preparato**	525 **dormito**
Fase 4 LEARNED *imparare*	Fase 4 TAUGHT *insegnare*	Fase 3 GOT READY/ PREPARED *preparare*	Fase 3 SLEPT *dormire*
532 **ascoltato**	531 **studiato**	530 **sbagliato**	529 **guadagnato**
Fase 4 LISTENED TO/ HEARD *ascoltare*	Fase 4 STUDIED *studiare*	Fase 4 WAS WRONG/ MADE A MISTAKE *sbagliare*	Fase 4 EARNED *guadagnare*
536 **scherzato**	535 **giocato**	534 **contato**	533 **spiegato**
Fase 4 JOKED/ KIDDED *scherzare*	Fase 4 PLAYED *(a game/ sport)* giocare	Fase 4 COUNTED *contare*	Fase 4 EXPLAINED *spiegare*

TOOLKIT CARDS CC

Actions in the past: the second word or
"WHAT HAPPENED" piece
Part of speech: past participle for verbs with auxiliary verb avere

537 **cantato** *Fase 4* avere *(who)* + pp	538 **ballato** *Fase 4* avere *(who)* + pp	539 **scritto** *Fase 4* avere *(who)* + pp	540 **chiesto** *Fase 4* avere *(who)* + pp
541 **risposto** *Fase 4* avere *(who)* + pp	542 **conosciuto** *Fase 4* avere *(who)* + pp	543 **saputo** *Fase 4* avere *(who)* + pp	544 **capito** *Fase 4* avere *(who)* + pp
545 **aiutato** *Fase 4* avere *(who)* + pp	546 **ringraziato** *Fase 4* avere *(who)* + pp	547 **pagato** *Fase 4* avere *(who)* + pp	548 **provato** *Fase 4* avere *(who)* + pp
549 **usato** *Fase 4* avere *(who)* + pp	550 **cambiato** *Fase 4* avere *(who)* + pp	551 **dimenticato** *Fase 4* avere *(who)* + pp	552 **guidato** *Fase 4* avere *(who)* + pp
553 **suonato** *Fase 4* avere *(who)* + pp	554 **descritto** *Fase 4* avere *(who)* + pp	555 **baciato** *Fase 4* avere *(who)* + pp	556 **sognato** *Fase 4* avere *(who)* + pp
557 **deciso** *Fase 4* avere *(who)* + pp	558 **venduto** *Fase 4* avere *(who)* + pp	559 **letto** *Fase 4* avere *(who)* + pp	560 **comprato** avere *(who)* + pp

540 **chiesto** *Fase 4* ASKED/ REQUESTED *chiedere*	**539** **scritto** *Fase 4* WROTE *scrivere*	**538** **ballato** *Fase 4* DANCED *ballare*	**537** **cantato** *Fase 4* SANG *cantare*
544 **capito** *Fase 4* UNDERSTOOD *capire*	**543** **saputo** *Fase 4* KNEW/WERE ABLE TO (do something) *sapere*	**542** **conosciuto** *Fase 4* KNEW/ WERE AWARE OF/ MET *conoscere*	**541** **risposto** *Fase 4* ANSWERED/ REPLIED *rispondere*
548 **provato** *Fase 4* TRIED/ TESTED *provare*	**547** **pagato** *Fase 4* PAID *pagare*	**546** **ringraziato** *Fase 4* THANKED *ringraziare*	**545** **aiutato** *Fase 4* HELPED/ ASSISTED *aiutare*
552 **guidato** *Fase 4* DROVE *guidare*	**551** **dimenticato** *Fase 4* FORGOT *dimenticare*	**550** **cambiato** *Fase 4* CHANGED *cambiare*	**549** **usato** *Fase 4* USED *usare*
556 **sognato** *Fase 4* DREAMED/DREMT *sognare*	**555** **baciato** *Fase 4* KISSED *baciare*	**554** **descritto** *Fase 4* DESCRIBED *descrivere*	**553** **suonato** *Fase 4* PLAYED (music) *suonare*
560 **comprato** *Fase 4* BOUGHT *comprare*	**559** **letto** *Fase 4* READ *leggere*	**558** **venduto** *Fase 4* SOLD *vendere*	**557** **deciso** *Fase 4* DECIDED *decidere*

Toolkit Cards: Set #CC

TOOLKIT CARDS

DD

Actions in the past: the second word or
"WHAT HAPPENED" piece
Part of speech: past participles for verbs with auxiliary avere

561 **scelto** *Fase 4* avere *(who)* + pp	562 **speso** *Fase 4* avere *(who)* + pp	563 **corso** *Fase 4* avere *(who)* + pp	564 **scoperto** *Fase 4* avere *(who)* + pp
565 **dovuto** *Fase 4* avere *(who)* + pp	566 **potuto** *Fase 4* avere *(who)* + pp	567 **voluto** *Fase 4* avere *(who)* + pp	568 **preferito** *Fase 4* avere *(who)* + pp
569 **cominciato** *Fase 5* avere *(who)* + pp	570 **invitato** *Fase 5* avere *(who)* + pp	571 **girato** *Fase 5* avere *(who)* + pp	572 **ricordato** *Fase 5* avere *(who)* + pp
573 **prenotato** *Fase 5* avere *(who)* + pp	574 **annoiato** *Fase 5* avere *(who)* + pp	575 **sentito** *Fase 5* avere *(who)* + pp	576 **seguito** *Fase 5* avere *(who)* + pp
577 **lasciato** *Fase 5* avere *(who)* + pp	578 **fermato** *Fase 5* avere *(who)* + pp	579 **vissuto** *Fase 5* avere *(who)* + pp	580 **finito** *Fase 5* avere *(who)* + pp
581 **sostituito** *Fase 5* avere *(who)* + pp	58 **perso** *Fase 5* avere *(who)* + pp	583 **amato** avere *(who)* + pp	584 **odiato** avere *(who)* + pp

564 **scoperto** *Fase 4* DISCOVERED/ EXPOSED *scoprire*	563 **corso** *Fase 4* RAN *correre*	562 **speso** *Fase 4* SPENT *spendere*	561 **scelto** *Fase 4* CHOSEN/ SELECTED *scegliere*
568 **preferito** *Fase 4* PREFERED TO *preferire*	567 **voluto** *Fase 4* WANTED TO *volere*	566 **potuto** *Fase 4* ABLE TO *potere*	565 **dovuto** *Fase 4* HAD TO/ MUST *dovere*
572 **ricordato** *Fase 4* REMEMBERED *ricordare*	571 **girato** *Fase 4* TURNED/ TOURED *girare*	570 **invitato** *Fase 4* INVITED *invitare*	569 **cominciato** *Fase 4`* BEGAN/ STARTED *cominciare*
576 **seguito** *Fase 4* FOLLOWED *seguire*	575 **sentito** *Fase 4* HEARD/FELT/ SMELLED/ TOUCHED/TASTED *sentire*	574 **annoiato** *Fase 4* ANNOYED/ BORED *annoiare*	573 **prenotato** *Fase 4* BOOKED/ RESERVED *prenotare*
580 **finito** *Fase 4* FINISHED/ ENDED *finire*	579 **vissuto** *Fase 4* LIVED *vivere*	578 **fermato** *Fase 4* STOPPED/ HALTED *fermare*	577 **lasciato** *Fase 4* LEFT/ALLOWED/ ABANDONED *lasciare*
584 **odiato** HATED *odiare*	583 **amato** LOVED *amare*	58 **perso** *Fase 4* LOST *perdere*	581 **sostituito** *Fase 4* REPLACED/ EXCHANGED *sostituire*

Toolkit Cards: Set #DD

ZZ

*Actions in the past: the second word/
"WHAT HAPPENED" piece*

Part of speech: the past participle for verbs that take the auxiliary verb essere

585 **stato** o/a > i/e *Fase 2* essere *(who)* + pp	586 **stato** o/a > i/e *Fase 2* essere *(who)* + pp	587 **piaciuto** o/a > i/e *Fase 2* essere *(who)* + pp	588 **(ri)tornato** o/a > i/e *Fase 2* essere *(who)* + pp
589 **uscito** o/a > i/e *Fase 2* essere *(who)* + pp	590 **entrato** o/a > i/e *Fase 2* essere *(who)* + pp	591 **partito** o/a > i/e *Fase 2* essere *(who)* + pp	592 **arrivato** o/a > i/e *Fase 2* essere *(who)* + pp
593 **passato** o/a > i/e *Fase 2* essere *(who)* + pp	594 **andato** o/a > i/e *Fase 3* essere *(who)* + pp	595 **venuto** o/a > i/e *Fase 3* essere *(who)* + pp	596 **si.... alzato** o/a > i/e *Fase 3* essere *(who)* + pp
597 **si.... svegliato** o/a > i/e *Fase 3* essere *(who)* + pp	598 **si.... divertito** o/a > i/e *Fase 3* essere *(who)* + pp	599 **si.... vestito** o/a > i/e *Fase 3* essere *(who)* + pp	600 **si.... addormen-tato** o/a > i/e *Fase 3* essere *(who)* + pp

588	587	586	585
(ri)tornato o/a > i/e *Fase 2* RETURNED *(ri)tornare*	**piaciuto** o/a > i/e *Fase 2* LIKED/ ENJOYED *piacere*	**stato** o/a > i/e *Fase 2* WAS/ STAYED/REMAINED *stare*	**stato** o/a > i/e *Fase 2* WAS *essere*

592	591	590	589
arrivato o/a > i/e *Fase 2* ARRIVED *arrivare*	**partito** o/a > i/e *Fase 2* LEFT/DEPARTED *partire*	**entrato** o/a > i/e *Fase 2* ENTERED *entrare*	**uscito** o/a > i/e *Fase 2* EXITED/LEFT/ WENT OUT *uscire*

596	595	594	593
si.... alzato o/a > i/e *Fase 3* GOT UP *alzarsi*	**venuto** o/a > i/e *Fase 3* CAME *venire*	**andato** o/a > i/e *Fase 3* WENT *andare*	**passato** o/a > i/e *Fase 2* PASSED/ STOPPED BY *passare*

600	599	598	597
si.... addormen- tato o/a > i/e *Fase 3* FELL ASLEEP *addormentarsi*	**si.... vestito** o/a > i/e *Fase 3* GOT DRESSED *vestirsi*	**si.... divertito** o/a > i/e *Fase 3* HAD FUN *divertirsi*	**si.... svegliato** o/a > i/e *Fase 3* WOKE UP *svegliarsi*

Toolkit Cards: Set #ZZ

TOOLKIT CARDS ZZZ

Actions in the past: the second word/
"WHAT HAPPENED" piece
Part of speech: the past participle for verbs that take the auxiliary verb essere

601 **si....** **preparato** o/a > i/e *Fase 3* essere *(who)* + pp	602 **si....** **laureato** o/a > i/e *Fase 4* essere *(who)* + pp	603 **riuscito** o/a > i/e *Fase 4* essere *(who)* + pp	604 **si....** **cambiato** o/a > i/e *Fase 4* essere *(who)* + pp
605 **si....** **riposato** o/a > i/e *Fase 5* essere *(who)* + pp	606 **si....** **annoiato** o/a > i/e *Fase 5* essere *(who)* + pp	607 **si....** **sentito** o/a > i/e *Fase 5* essere *(who)* + pp	608 **sembrato** o/a > i/e *Fase 5* essere *(who)* + pp
609 **si....** **fermato** o/a > i/e *Fase 5* essere *(who)* + pp	610 **restato** o/a > i/e *Fase 5* essere *(who)* + pp	611 **diventato** o/a > i/e *Fase 5* essere *(who)* + pp	612 **si.... perso** o/a > i/e *Fase 5* essere *(who)* + pp
613 **sceso** o/a > i/e *Fase 5* essere *(who)* + pp	614 **salito** o/a > i/e *Fase 5* essere *(who)* + pp	615 **nato** o/a > i/e *Fase 5* essere *(who)* + pp	616 **morto** o/a > i/e *Fase 5* essere *(who)* + pp

604 **si.... cambiato** o/a > i/e *Fase 3* CHANGED/ALTERED *cambiarsi*	603 **riuscito** o/a > i/e *Fase 3* SUCCEEDED *riuscire*	602 **si.... laureato** o/a > i/e *Fase 3* GRADUATED (w/ a degree) *laurearsi*	601 **si.... preparato** o/a > i/e *Fase 3* GOT READY *prepararsi*
608 **sembrato** o/a > i/e *Fase 3* SEEMED/ APPEARED *sembrare*	607 **si.... sentito** o/a > i/e *Fase 3* FELT *sentirsi*	606 **si.... annoiato** o/a > i/e *Fase 3* GOT BORED *annoiarsi*	605 **si.... riposato** o/a > i/e *Fase 3* TOOK A REST/ LAID DOWN *riposarsi*
612 **si.... perso** o/a > i/e *Fase 3* GOT LOST *perdersi*	611 **diventato** o/a > i/e *Fase 3* BECAME *diventare*	610 **restato** o/a > i/e *Fase 3* STAYED/ REMAINED *restare*	609 **si.... fermato** o/a > i/e *Fase 3* CAME TO A HALT/ STOPPED *fermarsi*
616 **morto** o/a > i/e *Fase 3* DIED *morire*	615 **nato** o/a > i/e *Fase 3* BORN *nascere*	614 **salito** o/a > i/e *Fase 3* GOT UP/ CLIMBED/ASCENDED *salire*	613 **sceso** o/a > i/e *Fase 3* GOT DOWN/ OFF/DESCENDED *scendere*

Toolkit Cards: Set #ZZZ